Decisões *éticas* nas empresas

Robert Henry Srour
Referência em Ética Empresarial

Decisões *éticas* nas empresas

— Como e por que adotar —

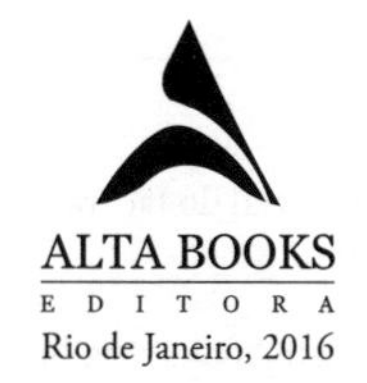

ALTA BOOKS
EDITORA
Rio de Janeiro, 2016

Decisões Éticas Nas Empresas

Impresso no Brasil — 1ª Edição, 2016 - Edição revisada conforme o Acordo Ortográfico da Língua Portuguesa de 2009.

Obra disponível para venda corporativa e/ou personalizada. Para mais informações, fale com projetos@altabooks.com.br

Produção Editorial
Editora Alta Books

Produtor Editorial
Claudia Braga

Produtor Editorial (Design)
Aurélio Corrêa

Gerência Editorial
Anderson Vieira

Supervisão de Qualidade Editorial
Sergio de Souza

Marketing Editorial
Silas Amaro
marketing@altabooks.com.br

Gerência de Captação e Contratação de Obras
J. A. Rugeri
autoria@altabooks.com.br

Vendas Atacado e Varejo
Daniele Fonseca
Viviane Paiva
comercial@altabooks.com.br

Ouvidoria
ouvidoria@altabooks.com.br

Equipe Editorial
Bianca Teodoro
Christian Danniel
Juliana de Oliveira
Renan Castro
Thiê Alves

Revisão Gramatical
Priscila Gurgel

Layout e Diagramação
Joyce Matos

Capa
Aurélio Corrêa

Dados Internacionais de Catalogação na Publicação (CIP)
Vagner Rodolfo CRB-8/9410

S766d Srour, Robert Henry

Decisões éticas nas empresas / Robert Henry Srour. - Rio de Janeiro : Alta Books, 2016.
208 p. : il. ; 17cm x 24cm.

Inclui bibliografia e índice.
ISBN: 978-85-508-0017-2

1. Administração. 2. Ética. 3. Empresas. I. Título.

CDD 174.4
CDU 174.4

Rua Viúva Cláudio, 291 — Bairro Industrial do Jacaré
CEP: 20970-031 — Rio de Janeiro - RJ
Tels.: (21) 3278-8069 / 3278-8419
www.altabooks.com.br — altabooks@altabooks.com.br
www.facebook.com/altabooks

In memoriam de meu pai,
Joseph Aref, um destemido.

Sumário

> "A ciência é a tentativa de fazer com que a diversidade caótica de nossa experiência sensível corresponda a um sistema lógico uniforme de pensamento.
>
> **Albert Einstein**"

Introdução

O presente livro dá continuidade a quatro de nossas obras anteriores e, embora se valha do corpo teórico nelas desenvolvido, contém duas virtudes.

A primeira é a de questionar, de forma explícita, o beco sem saída para onde as filosofias morais nos arrastam. Cada filosofia apresenta um sistema de pensamento que satisfaz a si mesmo, mas suscita variadas controvérsias ao enfrentar os dilemas morais. Finca pé em referências que lhe são peculiares, polemiza, interpela e se posiciona. Desemboca, por fim, em uma profissão de fé, que mobiliza um punhado de convertidos. Conclusão: divide territórios e fiéis.

Nos dias que correm, as pessoas exigem cada vez mais clareza e funcionalidade – abominam debates bizantinos. Querem ferramentas conceituais que deem conta da realidade, requerem plataformas que dialoguem entre si, anseiam por um repertório que possa ser compartilhado e que gere consenso. Acontece que, em sua encarniçada competição ao longo dos séculos, as filosofias morais não lograram desaguar em um estuário comum. A razão não é segredo para ninguém: todas elas advogam ideais morais, receitam pautas de ação e elegem condutas virtuosas que lhes parecem desprovidas de falhas. O resultado, porém, é que o arco de valores e de postulados proposto é tão contestável quanto as ideologias políticas, econômicas ou religiosas que se digladiaram no curso da história.

Exemplifiquemos de forma analógica. Como não lamentar as perseguições produzidas pelo choque entre o politeísmo greco-romano e o monoteísmo cristão? Como não registrar os milhares de "mártires" e o mar de vítimas que o embate atual entre o jihadismo e o liberalismo secular causa? Como não se horrorizar com os massacres de "infiéis" promovidos pelas cruzadas medievais na Terra Santa? E como não lembrar a sangrenta coabitação entre o pensamento anarquista e a ideologia comunista na Guerra Civil Espanhola? Haveria algum diálogo, a não ser de surdos, entre o calvinismo e o ateísmo? O que isso nos ensina? Que estamos diante de ideários sectários, que se confrontam porque não se toleram – a não ser quando retoricamente submetidos a conveniências diplomáticas. Que divisamos corpos doutrinários que mais parecem barricadas, por trás das quais, entrincheirados, os devotos eriçam suas lanças, entoam gritos de guerra e se antagonizam furiosamente. Que lidamos com liturgias sacras que sacerdotes oficiam, surdos aos clamores dos que dissentem, porque emparedados em suas certezas absolutas. Uma inegável barafunda.

As filosofias morais são moldadas no mesmo barro, talhadas segundo o mesmo figurino ideológico. Apesar de algumas concordâncias pontuais, seus adeptos consideram que as decisões que tomam são "éticas", enquanto que as das demais escolas de pensamento passam ao largo das questões de fundo ou, pior, são "antiéticas".

Assim, longe de produzirem conhecimentos, as filosofias morais expressam tomadas de posição frente ao mundo, posicionamentos que mais parecem universos paralelos. Resultado? Temos um vale-tudo idiossincrático, como se fosse teoricamente inviável qualificar de forma objetiva as interações que os agentes sociais praticam no mundo real. Melhor dizendo, fica patente a carência de um vocabulário comum, que caracterize os impactos que os agentes sociais produzem uns sobre os outros. Afinal, as diversas narrativas filosóficas não conseguem definir, sem serem contestadas, se tais efeitos são positivos ou negativos, se respeitam os interesses alheios e se os desrespeitam, se são, em síntese, universalmente benéficos aos outros (provocam o bem) ou se são maléficos (provocam o mal).

Como proceder então? Abordar a Ética como ciência social, valendo-nos de um corpo de conceitos universais, abstratos e atemporais, que tornam inteligíveis os fatos morais. Esses conceitos são: a) verificáveis empiricamente; b) replicáveis sob quaisquer céus; c) suscetíveis de espicaçar o espírito crítico; e, sobretudo, d) capazes de estabelecer o indispensável consenso.[1]

A segunda virtude do livro é a de examinar casos empresariais que interessam de perto aos gestores e aos demais executivos, à medida que eles têm de lidar com as implicações éticas das decisões que tomam. Situações reais são analisadas com precisão conceitual e, sobretudo, interpretadas à luz das duas teorias científicas que sustentam o processo de tomada de decisão eticamente orientado. Exploram-se múltiplos dilemas, alguns aparentemente inextricáveis, dando a oportunidade aos leitores de desvelar a mecânica das "decisões éticas". Alternativamente, no entanto, são apresentadas as racionalizações antiéticas que muitos agentes, na ânsia de satisfazer interesses escusos, se aprazem em adotar.

No essencial, o livro consiste em vários estudos de casos, a partir do cotejo permanente da teoria com a realidade. Põe à disposição dos leitores um pequeno guia para enfrentar questões cujos desdobramentos éticos podem afetar favorável ou desfavoravelmente a perenidade das empresas.

1 É aconselhável a consulta do glossário que se encontra ao final deste livro.

> “Esses princípios da natureza humana, dirão vocês, são contraditórios. Mas o que é o homem, senão um amontoado de contradições!
>
> **David Hume**”

1 As filosofias morais na berlinda

Sem reza e sem mandinga

Decisões são escolhas que os agentes sociais fazem entre diferentes cursos de ação. Não decorrem do acaso ou de alguma geração espontânea. Expressam, de forma insensível, os padrões culturais que pautam as coletividades e, sobretudo, refletem, de forma explícita, as relações de força presentes. E por quê? Porque satisfazem ou contrariam interesses.

O processo decisório é condicionado pelos interesses próprios dos decisores e, quando afeta os demais agentes de forma real ou mesmo potencial, torna-se objeto de estudo da Ética. De fato, podemos afetar os outros “potencialmente” quando teclamos em nosso celular ao volante, porque tal conduta aumenta exponencialmente os riscos de acidente e, por via de consequência, a possibilidade de causar danos aos outros. De outra parte, podemos afetar os outros “realmente” ao lavar o quintal ou a calçada em época de estiagem, desperdiçando água escassa que fará falta a todos. Em contrapartida, é também possível agir do modo neutro: inúmeras ações de nosso cotidiano não afetam os outros nem para o bem nem para o mal, tal como caminhar de um ponto a outro da cidade, vestir-se ou se exercitar no parque.

Contas feitas, sem um peculiar esforço de isenção, ninguém consegue se desprender por inteiro de suas circunstâncias, navegando nas puras águas da imparcialidade. Por que será? Porque somos acometidos por um inevitável viés cognitivo, um padrão de julgamento que nos leva a tomar decisões ou a interpretar evidências de forma tendenciosa, sem que percebamos o desvio.

Há como enfrentar essas distorções? Sim, desde que reconheçamos o peso que os interesses próprios assumem em nossa leitura do mundo. Ou, de preferência, desde que tenhamos sempre em mente a miopia que eles possam ocasionar. Cientes de que nossa percepção é seletiva, a disciplina consiste em admitir que nossos interesses moldam nossa forma de apreender os fenômenos. Vale a pena, então, conhecer outros pontos de vista. Em termos práticos, isso significa se perguntar em qual sentido nossos interesses enviesam nossa perspectiva e nosso foco, como limitam nosso campo de observação. Equivale também a indagar o quanto esses interesses interferem na análise do problema a solver e, por isso mesmo, como balizam nosso modo de agir. Procedendo desse modo, nossos vínculos e pressupostos são revelados, expostos à luz do dia, em um processo análogo à declaração de impedimento que o juiz emite quando seus laços pessoais, ou seus antecedentes, permitem presumir alguma parcialidade por parte dele. Eis como se paga tributo à transparência, como se exercita a isenção, como se toma a distância indispensável para produzir o conhecimento.

Assentadas essas premissas, quando seriam "éticas" as decisões? Lancemos mão de uma ilustração trivial. Caso um empresário venda seus produtos a preços justos porque teme ser mal falado — o que afetaria seu capital de reputação, esse precioso ativo intangível, e poderia levá-lo a perder clientes —, teria ele o respaldo da legitimação ética? Algumas vozes dirão que não, já que as intenções do empresário estariam voltadas para o próprio umbigo. Outras vozes dirão que sim, vez que vender produtos a preços justos atende às expectativas do mercado — embora, e justamente, porque o empresário satisfaz os próprios interesses! Posições polares.

Ora, os interesses próprios constituem a mola mestra do sistema de mercado, sem a qual a iniciativa privada estaria condenada à danação do inferno — estigma assacado, aliás, por algumas doutrinas religiosas e outras tantas ideologias estatistas. Nessas asserções antípodas, quais posturas teóricas se confrontam? A pureza das intenções versus o alcance dos resultados.

Vamos clarificar os conceitos. Satisfazer interesses próprios não significa necessariamente agir de forma abusiva, causando danos aos outros. Não remete obrigatoriamente ao *egoísmo* (realizar interesse pessoal à custa dos outros) nem ao *parcialismo* (realizar interesse grupal em detrimento dos demais), porque é possível satisfazer interesses próprios de forma consensual, ou seja, de forma que importe a todos. Basta respeitar os interesses alheios e agir tendo em vista o senso de interdependência que nos une ao todo. Ou, resumindo: basta "jogar limpo". Tal postura nos remete ao autointeresse (realizar interesse pessoal sem prejudicar os outros) e ao *altruísmo* (realizar bem grupal, ou bem comum, levando em conta o bem-estar dos outros agentes, sem que isso implique necessariamente abrir mão do próprio bem-estar). Em síntese, no plano individual, os interesses próprios podem adquirir caráter egoísta (abusivo) ou autointeressado (consensual), enquanto, no plano grupal, podem adquirir caráter parcial (abusivo) ou altruísta (consensual).

Como fica, então, nossa indagação a respeito da legitimação ética? Será que as boas intenções antecedem e se sobrepõem às consequências reais das decisões, ou, contrário senso, será que os resultados efetivos detêm a primazia em relação à pureza dos motivos? Mais ainda: será que ambas as abordagens são excludentes ou será que podem coexistir? Eis o nó a ser desatado. Trataremos disso nos capítulos a seguir.

De momento, tomemos posição. Em princípio, éticas são as decisões que respeitam os interesses alheios, beneficiam os outros na medida do possível e, naturalmente, não lesam os demais agentes. (Essa é a regra, mas há notáveis exceções em "situações extremas" ou em "situações evitáveis", conforme veremos mais adiante.)[1] Isso equivale a dizer que as transações entre as partes exigem mais do que o mútuo consentimento. Requerem equidade ou certa equivalência, no tocante aos benefícios apropriados por cada qual. Em outros termos, as partes podem concordar a respeito de um intercâmbio, porém é essencial que não haja abuso: uma parte não pode lograr a outra.

Por exemplo, um mecânico de estrada cobra cinco vezes o valor de um conserto de carro, valendo-se da vulnerabilidade do viajante perdido no meio do nada (ainda que o viajante concorde em pagar, há coação e cobrança exorbitante). Milicianos ameaçam comerciantes ou moradores de um conjunto habitacional com o uso da violência física, caso não recebam "contribuições" a título de proteção (ainda que paguem, os moradores sofreram chantagem e intimidação). Um prestador de serviço simula defeitos de monta em um eletrodoméstico cuja tomada está apenas com mau contato e cobra um alto preço por isso (achaca o cliente ao ludibriar sua

[1] Conforme tópico do Capítulo II: "Os fins nunca justificam os meios?".

boa-fé). Essas exemplificações todas nos remetem ao campo das decisões antiéticas. Embora haja consentimento e algumas contrapartidas, as transações carecem de idoneidade e equidade se uma das partes intimida ou engana a outra, tira proveito da ignorância alheia, exorbita de sua posição, abusa da outra parte.

É natural que os agentes decisores – sejam eles indivíduos, grupos ou coletividades inclusivas (sociedades ou a humanidade) – procurem obter um bem para si mesmos. A questão-chave, todavia, consiste em saber que tipo de benefício é gerado. Daí a necessidade de fazermos distinções. É indispensável perguntar se o benefício obtido pelos agentes:

a) prejudica outros e é, portanto, abusivo e *particularista*, ou seja, o bem de uns implica causar mal a outros seres humanos? Ou

b) é benéfico e não prejudica os outros e é, portanto, consensual e *universalista*, vale dizer, o bem gerado interessa a todos os seres humanos?

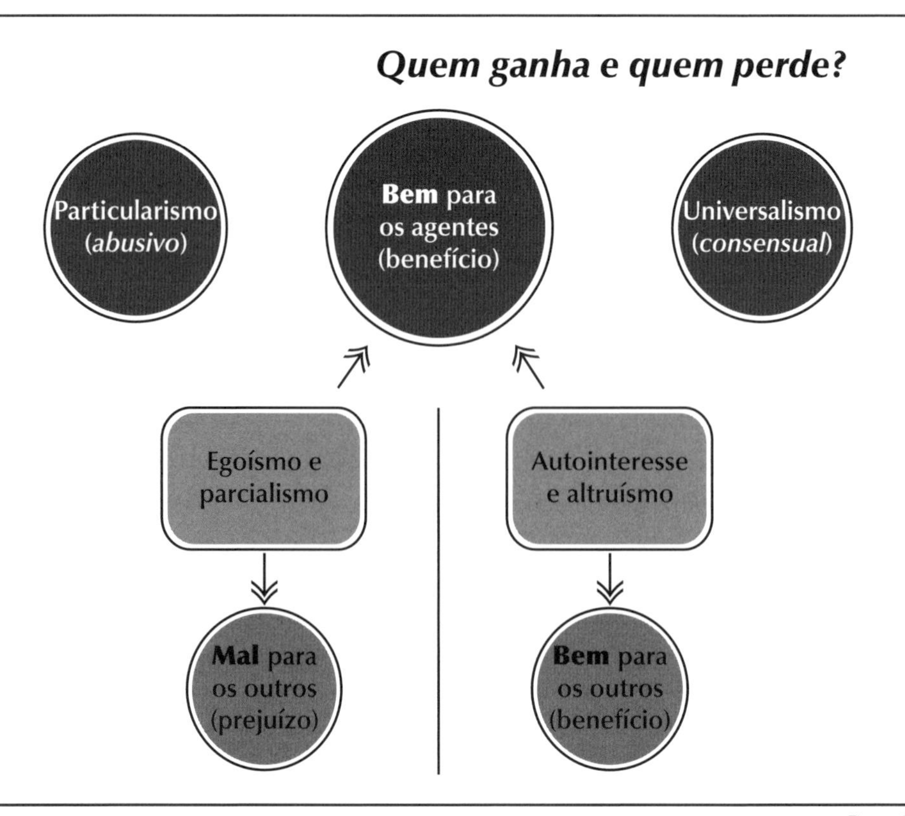

Figura 1

A oposição radical entre o bem particularista e o bem universalista estabelece uma linha divisória determinante para a análise ética e revela quem ganha e quem perde nas relações sociais.[2]

Por conseguinte, éticas são as decisões que, em princípio, interessam a todos os seres humanos – decisões consentidas, idôneas e equitativas. Aberrante ingenuidade, dirão alguns; pretensão desmedida, sentenciarão muitos. Que nada! Basta visitar, ou revisitar, os conceitos fundamentais da Ética Científica e as duas teorias éticas de tomada de decisão.

É bom dizer, em sã consciência, que raros são os autores que abordam a Ética como ciência social. A tradição dominante, ou a hegemonia acadêmica até os dias de hoje, permanece sendo a da Ética Filosófica. O que diferencia ambos os discursos? Quais são as vantagens da primeira, uma vez que optamos pela abordagem científica? Enfrentemos sumariamente essas questões.

Ética: filosofia moral ou ciência social?

Para efeitos didáticos, vamos recorrer a um corte discreto entre ambas as abordagens. Sabemos ser simplificadora essa distribuição bipartida, à medida que todos os discursos – tenham eles caráter ideológico, científico, estético ou técnico – não deixam de se fecundar mutuamente.[3] As esferas simbólicas, embora detentoras de autonomia relativa, mantêm fronteiras que se permeiam ou entrecruzam. A complexidade do real abomina os "tipos puros", construídos como atalhos heurísticos, porém as análises competentes raramente prescindem deles.

A Ética Filosófica reflete sobre a melhor maneira de viver uma vida digna ou sobre "o dever ser". Notemos que essa definição encerra dois juízos de valor, mas, antes de prosseguir, façamos uma pequena pausa: o que vêm a ser juízos de valor? Avaliações subjetivas que variam segundo as sociedades e os indivíduos. Peguemos o ato de fumar: será bom ou ruim, agradável ou desagradável, bonito ou feio ao sabor dos entrevistados e das épocas. Essas formulações têm caráter eminentemente apreciativo e se dão

[2] Para uma análise pormenorizada dos vários conceitos citados, ver, do autor, Ética Empresarial. 4ª ed. revista. Rio de Janeiro: Elsevier, 2013, capítulos 1–4 e *Casos de Ética Empresarial*. 2ª ed. revista. Rio de Janeiro: Elsevier, 2014, capítulos 1–7.

[3] A esse respeito, ver, do autor, *Poder Cultura e Ética nas Organizações*. 3ª ed. revista. Rio de Janeiro: Elsevier, 2012, capítulo 5.

em termos binários: certo/errado; bom/mau; superior/inferior; melhor/pior; agradável/desagradável etc. Ou seja, os juízos de valor divergem entre si em função do fluxo ininterrupto dos eventos históricos e das condições políticas e culturais, se redefinem no curso do tempo e acomodam múltiplos pontos de vista.

Dissemos que dois juízos de valor permeiam o foco de interesse da Ética Filosófica. O primeiro versa sobre "a *melhor maneira* de viver". Eis uma fonte de divergências entre os filósofos eticistas. Com efeito, não há consenso entre os autores sobre o que seja efetivamente o "bem viver", sobre como galgar esse patamar moralmente superior. O segundo juízo de valor é igualmente polêmico: o que vem a ser uma "vida *digna*"? Ou melhor: em que consiste exatamente a dignidade da vida? Novamente, as opiniões se digladiam em torno do que seja.

A abordagem filosófica opera com ideais morais, ditas normas pretensamente universais que se propõem a guiar as condutas dos agentes sociais. Seu discurso especulativo, embora concatenado e lógico, prescinde de provas empíricas e escapa, assim, ao teste supremo da realidade. Mais ainda: a generalidade de seus preceitos é posta em xeque pelas ciências sociais, em função de seu caráter prescritivo. Basta comparar culturas diversas para perceber que as diretrizes morais existentes não são universalmente partilhadas e nem poderiam ser, já que são padrões culturais, portanto, submetidos à historicidade de sua natureza.

Seu principal mérito, no entanto, consiste em procurar conferir coerência às nossas convicções – desvela nossas inconsistências morais ao definir, tentativamente, um princípio de base que funcionaria como eixo orientador ou como bússola universal. Outra contribuição de relevo questiona o próprio fundamento de nossas convicções e amplia nosso círculo de consideração moral. Ao longo do tempo, o círculo que inclui as entidades dignas de consideração moral acabou sendo alargado. Passou da família e da aldeia para a tribo, o país, a etnia e, agora, para a humanidade. Também, porém, avançou da realeza, da aristocracia e dos senhores de terra até abranger todos os homens, depois as mulheres, as crianças, os criminosos, os prisioneiros de guerra, os civis inimigos, os moribundos e os mentalmente deficientes. Hoje em dia, ao opor-se ao "especismo", que discrimina os animais não humanos, pretende incluir os macacos antropoides, os animais com sistema nervoso central e até os ecossistemas ou todo o planeta.[4]

[4] SINGER, Peter. *Ética Prática*. São Paulo: Martins Fontes, 1993.

Afora esses avanços, a abordagem filosófica remete os agentes sociais a um leque de visões de mundo que, ao fim e ao cabo, não convergem entre si, mas estabelecem clivagens na maioria das vezes inconciliáveis.

Em um claro contraste com as filosofias morais, a Ética Científica estuda os fatos morais: observa, descreve, investiga e explica "o que é". Debruça-se sobre evidências objetivas e emite juízos de realidade, não juízos de valor. Os juízos de realidade, ou juízos de fato, são constatações objetivas das ocorrências, a despeito do que os agentes sociais prejulgam ou pensam a respeito. Tomemos como exemplo o conhecimento dos efeitos do fumo sobre a saúde humana: a análise científica transcende a singularidade dos fenômenos, à medida que capta a lógica que os explica, apreende padrões e regularidades, torna inteligíveis os eventos, apesar da diversidade histórica de suas ocorrências. Ou seja, os juízos de realidade são juízos que dizem o que as coisas são, como são e por que são, e se valem de termos binários correntemente mensuráveis: benefício/prejuízo; geral/específico; público/privado; maioria/minoria; inconcludente/excludente etc.

O propósito da Ética Científica é conhecer a realidade moral, torná-la apreensível e acessível. Para tanto, submete-se à necessidade de dispor de critérios objetivos, de verificar evidências e de replicar proposições nos mais diversos ambientes históricos. Daí o caráter universal, abstrato e anistórico de seus conceitos. Sem eles, os fatos morais não seriam cognoscíveis e os observadores ficariam desorientados diante do relativismo moral, reféns de uma moralidade que se apresenta caótica e inalcançável.

A moralidade é um produto da evolução e da experiência humana, fenômeno universal que não é exclusividade de nossa espécie. De fato, não somos os únicos atores a habitar o palco moral, pois manifestações morais podem ser rastreadas nos relacionamentos entre outros animais. A moralidade deriva da bioquímica evoluída do cérebro e, a um só tempo, das influências socioculturais. O hardware de nosso cérebro é pré-programado com disposições para a formulação de juízos morais, já que somos seres gregários. Isto é, dada a vulnerabilidade do *homo sapiens*, a cooperação e a solidariedade grupal — elementos constitutivos do mecanismo altruísta — tornam-se indispensáveis para a sobrevivência das coletividades humanas.[5] No entanto, a abrangência das práticas altruístas, assim como o grau de empatia que sentimos uns pelos outros, depende da trajetória histórica de cada agrupamento humano e de suas peculiares condições de existência. Razão pela qual existem códigos mo-

[5] GEERTZ, Clifford. *The Interpretation of Cultures*. New York: Basic Books, 1975.

rais, guias de conduta, definições do que seja "certo" ou "errado" para cada gosto e circunstância.

A Ética Científica estuda esses sistemas normativos, essa imensa gama de condutas (aceitáveis ou censuráveis) e oferece competentes chaves de decifração para captar suas regularidades — tece minuciosamente uma teia explicativa das ocorrências.

Principais filosofias morais

Vamos descrever agora algumas importantes filosofias morais, no intuito de fundamentar as afirmações que acabamos de enunciar.

Filosofia moral	Princípio moral	Base para decidir	Expoente
O mandamento divino	Vontade de Deus	Submeter-se aos desígnios divinos	Bispo Robert Mortimer
A ética das virtudes	Caráter virtuoso	Adotar o meio termo ou a justa medida	Aristóteles
A ética do dever	Imperativo categórico	Cumprir incondicionalmente deveres universais	Immanuel Kant
O relativismo moral	Juízos socialmente partilhados	Conformar-se aos padrões culturais	Ruth Benedict
O utilitarismo	Consequências presumidas são boas	Maximizar o bem para o maior número	John Stuart Mill
O egoísmo ético	Satisfação do próprio interesse racional	Busca da sobrevivência e felicidade	Ayn Rand
O subjetivismo moral	Senso moral inato	Seguir os próprios sentimentos	David Hume

Figura 2

O mandamento divino

Dentre as várias filosofias morais religiosas, vamos destacar um expoente de confissão cristã. De fato, o bispo Robert Mortimer (1902-1976) leva às últimas consequências uma visão baseada na fé e na revelação.[6] Afirma, com todas as letras, que a correção ou a incorreção de uma ação depende

[6] MORTIMER, Robert C. *Christian Ethics*. Hutchinson's University Library, 1950.

dos mandamentos divinos. Segundo ele, a vontade divina estabelece um conjunto universalmente válido de normas morais básicas, que é revelado aos homens pela Bíblia, a exemplo dos Dez Mandamentos. De sorte que o *princípio moral* que distingue o certo do errado é a vontade de Deus à qual os homens devem se submeter.

Argumenta que a religião cristã é essencialmente a revelação da natureza de Deus. Ensina aos homens o que Deus quer e como eles devem viver, define quais condutas o agradariam e quais o desagradariam. Uma vez que somos criaturas de Deus, é nosso dever fazer o que Ele deseja que façamos. Assim, o certo não é o que pensamos que seja, mas o que Deus manda. Isso é válido para todos os homens, sem exceção — cristãos ou não cristãos.

Por exemplo, é dever dos homens venerar Deus e amar a verdade, respeitar a autoridade legítima, abster-se de violência e roubo, viver em castidade, ser justo e compassivo em relação ao próximo. Todos os homens são igualmente filhos de Deus e objetos de seu amor, possuem direitos inalienáveis e são fins em si mesmos, jamais devendo ser usados como meros meios para que se alcance algum fim. A pessoa individual é o valor supremo e se sobrepõe à sociedade, de sorte que a sociedade existe para o bem de seus membros e não o contrário.

Em suma, como devemos proceder ou qual seria a base para decidir? O *modus operandi* é a *submissão aos desígnios de Deus*, o que equivale a agir de acordo com as regras ditadas por Deus, obedecer às suas diretivas, fazer o certo ao seguir seus mandamentos.

Ora, como saber qual é a vontade de Deus? Remetendo-se às Sagradas Escrituras, que são a legítima expressão de sua palavra. Na dúvida, cumpre consultar o padre. Para as demais religiões ou crenças, caberia remeter-se aos respectivos livros sagrados (ou às mitologias veneradas) e, havendo alguma incerteza, apelar para o imã, o pastor, o rabino, o monge budista, o médium, o pai de santo ou o pajé, intérpretes juramentados ou mediadores entre o fiel e o sobrenatural. Por conseguinte, a fé nas verdades reveladas constitui o denominador comum entre as variadas confissões e deve pautar invariavelmente todas as condutas dos agentes.

Acontece que qualquer incursão que se faça nos ideários aqui apontados descobrirá dissonâncias doutrinárias inconciliáveis, o que põe em xeque os pressupostos da filosofia moral do mandamento divino.

A ética das virtudes

Abordagem dominante até o Iluminismo, a denominada "ética das virtudes" foi retomada nos anos 1950 pela filósofa inglesa Elizabeth Anscombe. Brilha como seu maior expoente nada menos do que Aristóteles (383-322a.C.).[7] Essa filosofia moral considera que a base das normas morais não está nos conceitos de dever nem nos fins a serem alcançados. Está, isso sim, nas virtudes ou nos traços de caráter moralmente valiosos, já que toda pessoa precisa dessas virtudes para se realizar como ser humano.

Em vez de uma filosofia moral da ação correta, como muitas das demais filosofias morais preconizam, pergunta quais são os traços de caráter que definem uma pessoa moralmente boa ou uma pessoa admirável. Em decorrência, o *princípio moral* que distingue o certo do errado repousa no *caráter virtuoso* do agente – sua força de caráter e suas retas intenções.

As virtudes pairam acima dos atos ou das consequências que produzem, de maneira que o pêndulo recai sobre o agente individual em oposição ao apelo, à razão imperante em outras tantas filosofias morais. Assim, a relevância moral reside nos fatores internos ao indivíduo – seus traços de caráter, seus motivos, suas emoções, seus desejos ou suas disposições subjetivas – e não nos atos realizados ou nos resultados que daí resultam.

Nos dias de hoje, essa concepção ambiciona superar as teorias deontológicas ou de base kantiana (a justificação moral da ação decorre da correção intrínseca dela), bem como as teorias teleológicas ou "consequencialistas" (a justificação é determinada por sua tendência em promover consequências consideradas intrinsecamente boas). Seria uma espécie de "terceira via" entre duas grandes tendências.

Qual é então a base para decidir? Segundo Aristóteles, é a *escolha deliberada do meio-termo* ou da justa medida, porque a natureza específica da virtude é o meio termo entre o excesso e a carência, o termo equidistante entre os extremos. Fora do meio termo, os extremos são vícios ou males e, uma vez que a virtude é uma disposição de caráter, firme e imutável, os objetos da avaliação moral não são os atos externos observáveis, mas as motivações internas dos agentes.

[7] ARISTÓTELES. "Ética a Nicômaco". In: *Os Pensadores*. São Paulo: Abril Cultural, 1984; LOUDEN, Robert B. "Virtue Ethics". In: *Encyclopedia of Applied Ethics*. San Diego: Academic Press, 1998. v.4, p. 491–498; SOLOMON, Robert C. *Ethics and Excellence: cooperation and integrity in business*. New York: Oxford University Press, 1993.

Alinhemos dúvidas a respeito desses pressupostos, uma vez que eles implicam um controvertido processo das intenções – motivos presumidos dos agentes individuais. Como saber o que se passa efetivamente no âmago de cada qual? Qual seria a verdadeira agenda, oculta ou não explicitada? Como fazer para emitir um juízo fundamentado sobre o motor dos feitos, a não ser que as virtudes dos agentes se convertam em valores em ação, que suas condutas se tornem objetos observáveis? Ademais, como hierarquizar as virtudes, quando, diante de uma situação específica, houver conflito entre elas para definir o que fazer? Por fim, e acima de tudo, qual catálogo de virtudes deveria ser considerado universal: o de Platão, Aristóteles, São Paulo, São Tomás de Aquino ou o de Confúcio? Ou, quem sabe – sem escárnio –, deveria ser a bateria de virtudes arroladas pela moral da integridade brasileira?

A ética do dever

Immanuel Kant (1724-1804), um dos mais profundos e importantes filósofos do Iluminismo, entroniza a razão humana como instrumento-chave para conhecer a verdade e como autoridade final para a moralidade.[8] Sua filosofia moral afirma que a base para toda razão moral é a capacidade do homem de agir racionalmente. Parte do pressuposto de que uma pessoa deve comportar-se de forma igual ao que ela esperaria que outra pessoa se comportasse na mesma situação, tornando assim seu próprio comportamento uma lei universal. Diz com todas as letras: "aja apenas segundo uma máxima tal que possa, ao mesmo tempo, querer que ela se torne lei universal". Por exemplo, não adianta pedir dinheiro emprestado a um amigo e saber que você não devolverá, pois isso não é universalizável; ou, se todos mentirem, ninguém acreditará em ninguém e nada funcionará.

Segundo Kant, o princípio moral que define as ações como certas ou erradas é a obediência ao dever pelo dever, a submissão ao *imperativo categórico*, a conformidade a uma exigência moral incondicional que transcende desejos ou preferências pessoais. Simplificando, é preciso agir orientado pelo senso do dever para que uma ação possa ser considerada moral. Em decorrência, nenhuma ação ditada por interesse ou por mera obediência à lei ou aos costumes pode ser considerada moral. Veja-se o caso de um comerciante que não ludibria um cliente ingênuo no troco, porque calcula

[8] KANT, Immanuel. *Fundamentação da Metafísica dos Costumes*. Disponível em: <http://www.consciencia.org/kantfundamentacao.shtml>. Acesso em: 2 nov. 2015; POTTER, Nelson. "Kantianism". In: *Encyclopedia of Applied Ethics*. San Diego: Academic Press, 1998. v.3, p. 31-38.

que poderia ser malfalado e perder clientes. Embora tenha feito a coisa certa, sua ação não tem valor moral, porque fez a coisa certa pela razão errada, agiu para preservar o próprio interesse – motivo que, segundo Kant, contamina o feito.

Em outras palavras, o valor moral de uma ação consiste na intenção que a motiva, não nas consequências que dela advêm. Uma boa pessoa não faz apenas o que é certo, mas o faz pelo motivo apropriado, pelo senso do dever cumprido. Agir segundo o dever, sim, mas agir *pelo* próprio dever.

Age-se, então, segundo um princípio que a razão proporciona e que possa ser universalizado sem contestação. Ao derivar da razão humana, a lei moral não é idiossincrática, mas é uma faculdade partilhada por todos nós, homens racionais. Um dever, sendo moralmente válido, deve ser levado adiante como uma necessidade absoluta que não admite exceção: não pode ser violado porque é bom em si mesmo, não por causa de seus efeitos.

De sorte que a base para decidir é o *cumprimento incondicional de deveres universais*. Deveres que:

a) Não se baseiam em interesses, objetivos ou fins particulares (generalidade das intenções);

b) Aplicam-se a todos em todo lugar (universalidade dos deveres);

c) Respeitam a dignidade inerente das pessoas, incluindo a do próprio agente (pessoalidade reverenciada);

d) Tratam a humanidade do agente e a dos outros como fim e não simplesmente como meio, pois todo homem, como ser racional, existe como fim em si mesmo e não como meio para uso arbitrário desta ou daquela vontade (sacralidade do ser humano).

Não se deve, pois, confundir o cumprimento de deveres à obediência de ordens dadas por superiores hierárquicos, nem ao cumprimento de normas legais emitidas por governos, nem muito menos à conformidade a costumes tradicionais. Os deveres baseiam-se na razão pura, cujo caráter é universal. Assim, embora cada indivíduo escolha por si mesmo de forma autônoma, pressupõe-se que, guiados pela razão, todos desemboquem nos mesmos imperativos categóricos.

Ora, à medida que esses imperativos não admitem exceções (sempre diga a verdade, por exemplo), variadas contestações põem em xeque seu caráter rigidamente dogmático. Caberia ou não mentir a agentes da Gestapo para preservar a vida de judeus escondidos no sótão? Caberia ou não omitir o movimento das tropas que preparam um assalto ao inimigo? Eis questões perturbadoras, que não abalam o edifício kantiano, mas que deitam dúvidas excruciantes em muitas mentes.

O relativismo moral

Uma importante autora que advoga o relativismo moral é a antropóloga norte-americana Ruth Benedict (1887-1948).[9] Para os relativistas morais, a moralidade é relativa: cada sociedade possui imperativos morais próprios, que guiam seus membros e que só poderiam ser efetivamente compreendidos se for estudada a cultura como um todo. Do ponto de vista moral, como em tudo mais, cabe aos agentes cumprir os padrões endossados por seu grupo de pertença. Não existem princípios morais universalmente válidos ou, para sermos mais específicos, não há padrões culturais objetivos que se aplicam a todos os povos em quaisquer tempos. O certo e o errado são essencialmente conceitos relativos à própria cultura grupal.

De maneira que o *princípio moral* que conduz os indivíduos é simples: basta reproduzir os *juízos morais socialmente partilhados*. O critério de validação das ações equivale àquilo que uma sociedade particular estipula como apropriado, aceitável ou correto fazer. Em decorrência, o que é certo em uma cultura não é necessariamente certo em outra, donde algumas antinomias. O relativismo moral:

- Contrapõe-se ao *absolutismo moral*, que, de forma diametralmente oposta, preconiza a universalidade dos princípios morais e reza que as normas morais se aplicam indistintamente a todos, não importa quem sejam ou à qual coletividade pertençam;
- Contrasta com o *subjetivismo moral*, fundado nos sentimentos, manifestações e atitudes singulares dos indivíduos, ou melhor, em seu senso moral inato;
- Opõe-se ao *niilismo moral*, que proclama a inexistência de obrigações ou proibições (tudo seria permissível) e que qualifica os sistemas morais como elaboradas mistificações.

Em outras palavras, o relativismo moral considera a reprodução dos padrões culturais socialmente determinados como a bússola moral a ser seguida. A base para decidir consiste, por isso mesmo, em *conformar-se aos padrões*

[9] BENEDICT, Ruth. *Padrões de Cultura*. Petrópolis: Vozes, 2013; e FICARRETTA, J. Carl. "Moral Relativism". In: *Encyclopedia of Applied Ethics*. San Diego: Academic Press, 1998. v.3, p. 275–288.

culturais vigentes, em alinhar-se às expectativas da sociedade à qual o agente pertence. Qual é sua máxima? "Faça o que a sua sociedade lhe diz para fazer."

O relativismo moral constata a inegável diversidade dos costumes e consagra a variabilidade dos padrões culturais no tempo e no espaço, como cânone de uma filosofia moral. Ora, tolerar e validar todo e qualquer padrão normativo afasta o exercício da análise crítica: com quais parâmetros julgar a moralidade das outras coletividades e, até, a da própria coletividade? Dessa forma, descarta-se a possibilidade de teorizar ou de captar as regularidades que os fenômenos morais apresentam e nega-se a existência de conceitos éticos de caráter universal.

Em decorrência — triste sina! —, ao legitimar e absolutizar os costumes socialmente aprovados por cada sociedade em particular, ficam implicitamente endossados os sacrifícios humanos, o *apartheid*, a escravidão, a tortura ritual, o genocídio, o infanticídio, os *pogroms*, a limpeza étnica, os campos de concentração, a mutilação genital feminina, a violência doméstica, a vingança por questões de honra, o apedrejamento de adúlteras, a discriminação das mulheres, dos negros, dos judeus, dos ciganos, dos ateus, dos aidéticos etc. Todos esses fenômenos são considerados igualmente legítimos e desconsideram os direitos humanos.

Nessa leitura do mundo, a *justificação moral*, conferida por um grupo particular, reina soberana, sem atentar para a existência de uma *legitimidade ética* conferida pela análise científica, vale dizer, que atenda aos interesses de todos os seres humanos. Não diferenciar o plano histórico e o plano teórico revela uma perigosa ingenuidade, pois um fundamentalista muçulmano, que deliberadamente se converte em homem-bomba, pode desfrutar de justificação moral junto a seu grupo de pertença, mas não deixa de ser um terrorista do ponto de vista da análise científica, já que sacrifica civis, daí seu ato carecer de legitimidade ética.

O utilitarismo

A chave do utilitarismo repousa nas boas consequências que as ações provocam, ou melhor, a justificação moral das ações é dada pelos efeitos positivos que elas produzem. Postula que uma ação não é boa ou má porque praticada por um homem bom ou mau, mas por suas consequências. Não basta a pessoa ter um caráter virtuoso, como pressupõem os adeptos da chamada ética das virtudes, pois "homens bons" podem falhar e cometer desvios morais (lembremos o famoso caso do rei Davi, que engravidou sua amante Betsabá e mandou seu marido Urias para a morte certa no campo de batalha).

Tampouco, o utilitarismo considera moralmente válida uma ação pelo fato de estar prescrita por uma escritura sagrada, por decorrer de um dever universal, por aderir aos padrões culturais vigentes na sociedade em que se vive, por satisfazer interesses pessoais ou por corresponder a sentimentos subjetivos. Vê a utilidade como equivalente à maior felicidade e advoga que o *princípio moral*, que torna correta determinada ação, são suas *consequências presumidamente benéficas* para o maior número de pessoas. Seu principal expoente é John Stuart Mill (1806-1873).[10]

Assim, o propósito da moralidade é converter o mundo em um lugar melhor para se viver, um lugar em que impere a felicidade. A natureza da moralidade consiste em produzir boas consequências, não em cultivar boas intenções. Temos que fazer tudo o que estiver ao nosso alcance para gerar o maior benefício à humanidade, de maneira a transcender a mera busca da felicidade individual. Escreve Mill: "Entre sua própria felicidade e a dos outros, o utilitarismo exige que o indivíduo seja não só estritamente imparcial como também um espectador desinteressado e benevolente". De maneira que as ações são corretas, à medida que tendem a promover a felicidade geral, e erradas, quando produzem a infelicidade geral. A felicidade, ou o bem-estar, equivale ao prazer e à ausência de dor; a infelicidade corresponde à dor e à privação do prazer. O prazer e a imunidade à dor são as únicas coisas desejáveis como fins. Por conseguinte, a utilidade não inclui apenas a busca da felicidade, mas também a prevenção ou a mitigação da infelicidade.

Enquanto os teóricos kantianos dizem que quebrar uma promessa é intrinsecamente errado, ainda que seus efeitos sejam calamitosos, os teóricos utilitaristas dizem que não quebrar uma promessa seria insensato, sabendo-se das más consequências que adviriam caso ela fosse cumprida. Por exemplo: vale, sim, recusar-se a emprestar dinheiro a um amigo, após a empresa dele ter entrado em processo falimentar; vale, sim, desistir do casamento, após descobrir que o noivo está usando drogas pesadas e se tornou dependente; vale, sim, deixar de honrar um acordo de investimento entre sócios, após verificar que um deles está fraudando o negócio.

Outro contraste pode ser estabelecido entre a visão deontológica (ética do dever) e a visão teleológica (utilitarismo), lançando-se mão de um caso

[10] MILL, John Stuart. A Liberdade/Utilitarismo. São Paulo: Martins Fontes, 2000; SCARRE, Geoffrey. "Utilitarianism". In: *Encyclopedia of Applied Ethics*. San Diego: Academic Press, 1998. v.4, p. 443–453.

verdadeiro. Vinte reféns foram feitos em uma aldeia italiana, no fim da Segunda Guerra Mundial, e seriam fuzilados como represália pela morte de um oficial alemão. Perfilado, um soldado do pelotão de fuzilamento ponderou a seu comandante, que a represália poderia ser vista como desproporcional. O comandante, então, concordou secamente e mandou o soldado escolher um refém e abatê-lo. O soldado, um piedoso cristão, recuou. Os vinte reféns foram fuzilados.

A contrapelo dos kantianos, os utilitaristas dirão que a vida de 19 reféns justifica o sacrifício de um deles. Consideram que cumpria, sim, ao soldado escolher aleatoriamente um refém, ainda que isso representasse um fardo que ele carregaria pelo resto da vida. Errado seria dirimir sua responsabilidade no coletivo do pelotão de fuzilamento e deixar que morressem os vinte infelizes.

Dito isso, será que o utilitarismo tolera a iniquidade? Por exemplo, matar um sujeito infectado por uma doença pestilenta para o bem comum? Não, diz Mill, mas confiná-lo em isolamento para que não contamine os demais faz todo o sentido do mundo. Em outros termos, é imperativo estabelecer limites que protejam os indivíduos e as minorias para aumentar a soma de felicidade geral no longo prazo, ou melhor, é indispensável respeitar os direitos civis de todos os seres humanos, sem que, com isso, se ponha em risco a existência coletiva.

A maior crítica que se faz ao utilitarismo é a dificuldade em calcular a "felicidade geral", porque ela é determinada por vários fatores — excelência, amor, riqueza, saúde, realizações artísticas e intelectuais, satisfação de necessidades materiais etc. Ora, quais fatores efetivamente maximizam a felicidade, se esta é multiforme e vidas felizes podem ser vividas de variadas maneiras? Qual medida de valor poderia expressar e comparar as inúmeras preferências? Haveria, assim, algum denominador comum? Certamente a "utilidade" não pode ser reduzida a um valor monetário. Se não, vejamos.

A Ford fabricava, nos anos 1970, um carro que se tornou extremamente popular, o Ford Pinto. Acontece que o tanque de combustível do veículo pegava fogo em caso de colisão. Diante das ocorrências, a montadora fez uma análise custo-benefício, conferindo um valor monetário à vida humana: 200 mil dólares por morte (eram 180 vítimas por ano), 67 mil dólares por ferido (eram também 180 vítimas por ano) e 700 dólares por veículo incendiado (eram 2.100 por ano), em um total de 49,5 milhões de dólares/ano. Feitos os cálculos, essa soma resultava mais em conta do que realizar um *recall* para colocar uma grade que aparasse a colisão, já que o custo anual seria de 137,5 milhões de dólares (12,5 milhões de carros a 11 dólares por unidade).

Mais tarde, estudos comprovaram que o custo dos consertos por veículo não seria de 11 dólares anuais, mas de apenas um! Entrementes, queira-se ou não, a Ford considerou que seria mais barato deixar os usuários queimarem! [11]

Processada, a montadora perdeu na Justiça em 1981. Além de ser obrigada a fazer o *recall* dos veículos, foi condenada a pagar uma indenização de 127 milhões de dólares. Tanto a opinião pública como os jurados no tribunal se declararam chocados com o valor que a montadora deu à vida humana. A fria análise da Ford pecou por admitir trocar vidas humanas por dinheiro, em um claro desprezo pelas mortes que ela previa que ocorreriam. Privilegiou, inegavelmente, a obtenção do bem particularista (prejudicando outrem) em detrimento do bem universalista (que interessa a todos).

No utilitarismo, a base para decidir consiste em *maximizar o bem para o maior número possível de pessoas* e, eventualmente, sacrificar os interesses da minoria: cabe investir pesadamente em transporte coletivo sobre pneus, por exemplo, e em linhas de metrô, em detrimento dos que andam de carro e dos proprietários de imóveis que são desapropriados.

Acontece que, apesar da visão universalista dos utilitaristas, nem tudo pode ser decidido com base naquele princípio, pois permanecem questões em aberto, que nos remetem a escolhas, às vezes, irrecusáveis: o que fazer quando for preciso minimizar o bem para o maior número de pessoas, como nos programas assistencialistas do tipo Bolsa Família? Ou, pior, quando for preciso maximizar o bem para o menor número de pessoas, como nas "escolhas de Sofia"?

No caso do Bolsa Família, a motivação é a extrema miséria, isto é, o reconhecimento de uma situação emergencial. Então, faz-se o mínimo de bem ao maior número. No outro, trata-se de situação extrema e se faz o máximo de bem ao menor número.

De fato, no famoso romance "A escolha de Sofia", de William Styron, a jovem e bela polonesa, mãe de duas crianças, se vê coagida a escolher uma das crianças para que possa escapar da câmara de gás. Ou seja, enquanto uma seria sacrificada, a outra seria salva. Por conta disso, a mãe teria de se

[11] DOWIE, Mark. "Pinto Madness". In: *Mother Jones*, set./out 1977. p. 18–32, Disponível em: http://www.motherjones.com/politics/1977/09/pinto-madness ; *Bentley Official Web Page*, Bentley College, 17 ago. 1997.

submeter aos caprichos sexuais do oficial alemão. A escolha proposta à Sofia correspondeu a uma opção pelo menor dos males: salve-se uma criança, em vez de perder as duas.[12]

A teoria ética da responsabilidade, que veremos nos capítulos seguintes, soluciona as dificuldades que atormentam o utilitarismo.

O egoísmo ético

Nesse campo, destaca-se a obra da filósofa norte-americana de origem russa Ayn Rand (1905-1982), denominada "ética objetivista".[13] Pena virulenta, Rand se opôs ao coletivismo e ao estatismo totalitário, advogando com vigor o individualismo e o capitalismo liberal. A maior polêmica que suscitou, porém, decorreu da tentativa de redimir o conceito de egoísmo e de o libertar de sua sinonímia com o mal. Na contramão da acepção corrente, qualificou o egoísmo como virtude, como preocupação do indivíduo com os próprios interesses. Não chegou, portanto, a conceber o conceito de autointeresse, que remete justamente à satisfação de interesses pessoais sem prejudicar os outros.

De mais a mais, demonizou o altruísmo. Definiu esse processo de relacionamento como sacrifício em prol dos outros, submissão aos interesses e às vontades alheias, falácia que palpita no coração do coletivismo e que exige desprendimento e abnegação para beneficiar outrem. Concluiu, por via de consequência, que o altruísmo é a verdadeira encarnação do mal, já que reduz os homens a animais sacrificiais ou a aproveitadores de sacrifícios alheios — vítimas ou parasitas. Assim, a concepção do egoísmo torna-se iconoclasta e o altruísmo se converte em maldição eterna.

Segundo Rand, a essência da existência moral são os interesses do indivíduo, que deve ser o beneficiário das próprias ações morais. Em outras palavras, o *princípio moral* que deve nortear os homens é a *satisfação do próprio interesse racional*. Não se trata, por conseguinte, de licença para que o indivíduo faça o que bem entender, nem se aplica a algum brutamonte irracional, motivado por emoções, sentimentos, aspirações, desejos ou caprichos. Porque não basta ao indivíduo escolher uma ação qualquer para que esta ação seja certa ou moral. O agente precisa ser guiado por princípios racionais ou pelo egoísmo racional. Vale dizer, deve assegurar a própria sobrevivência. Assim sendo, o critério para distinguir o bem do mal é a vida

---

[12] Ver o tópico desenvolvido no Capítulo III.

[13] RAND, Ayn. *The Virtue of Selfishness: a New Concept of Egoism*. New York: Penguim Books, 1961.

do homem, o que é preciso fazer para garantir a sobrevivência do homem enquanto homem, enquanto criatura humana.

Nas palavras de Rand: "O princípio social básico da ética objetivista é a vida como fim em si mesmo, de modo que todo ser humano vivo é um fim em si mesmo, não um meio para os fins ou o bem-estar dos outros — e, por conseguinte, todo homem deve viver para satisfazer a si próprio, sem se sacrificar em benefício dos outros nem sacrificar os outros em seu próprio benefício. Viver para seu próprio bem significa que a realização de sua própria felicidade é o mais alto fim moral." A sobrevivência e a felicidade são dois aspectos da mesma realização. A base para decidir, em consequência, consiste na *busca da sobrevivência e felicidade.*

Sua cruzada em prol da democracia liberal é genuinamente louvável, mas sua tentativa de resgatar o egoísmo — classicamente definido como prática abusiva, satisfação de interesses pessoais à custa dos interesses dos outros — e seu mal-entendido, no tocante ao altruísmo, põem em xeque sua filosofia moral.

Com efeito, se tivesse se valido do conceito de autointeresse, correspondente à vertente benevolente e consensual da satisfação do interesse próprio, teria evitado muitos percalços. Mais: se não tivesse concebido o altruísmo como forma sacrificial, heroica ou santificada de ação, derivando daí seu libelo contra ele, não teria levantado uma celeuma tão inútil, pois o que é efetivamente o altruísmo? A preocupação do agente com o bem-estar dos outros, uma ação cooperativa e solidária *na medida do possível*, quer dizer, sem abrir mão dos próprios interesses individuais: não é preciso ser herói, santo, Dom Quixote, missionário abnegado para ser altruísta. Cada um de nós comete diariamente dezenas de microações altruístas, que nos permitem conviver socialmente, sem o quê ficaríamos isolados e desamparados.

Por exemplo, é crucial entre nós amparar financeira e emocionalmente nossos filhos, prestar socorro material ou moral a nossos parentes em dificuldade, assistir nossos amigos com conselhos e apoios. Não é tampouco raro ajudar um cego a atravessar a rua ou um portador de deficiência física a vencer uma rampa com sua cadeira de rodas. Em um plano mais amplo, a doação de órgãos ou de sangue, a doação de recursos a agências humanitárias ou filantrópicas, a participação em brigadas de incêndio, a oferta de abrigo e cestas de alimentos a populações flageladas, o acolhimento de refugiados, doentes, sinistrados ou desvalidos são umas tantas práticas altruístas, que não são incompatíveis com o bem-estar do próprio agente.

Por quê? Porque consistem em relações biunívocas, que repousam na reciprocidade: o altruísmo gera valor aos outros e contrapartidas ao agente, nem que sejam de caráter simbólico (satisfação psicológica, reconhecimento pessoal, prestígio social). Significa senso de interdependência, em que uns dependem dos outros. De sorte que é universalmente vantajoso, incluídos aí os "egoístas", preservar a coesão da sociedade, na qual os interesses de todos são protegidos. Afinal, não há sociedade de egoístas estrito senso, nem se pode universalizar o egoísmo estrito senso, pois ninguém age impunemente ao abrigo das reações alheias.

Ademais, e sobretudo, os mecanismos altruístas são naturais entre todos os seres vivos gregários — seres vulneráveis, cuja sobrevivência exige a vida em sociedade — e não se confundem com práticas parcialistas, como transparece, às vezes, nos escritos de Ayn Rand. De fato, o parcialismo diz respeito à realização de interesses grupais em detrimento dos outros, ao dano provocado aos outros de modo ganancioso e presunçoso. Deriva do fato de que alguns se consideram superiores aos demais seres humanos e, em decorrência, discriminam, inferiorizam, submetem e, às vezes, eliminam os outros. Eis fantasmas que nunca deixaram de perseguir a autora em seu engajamento contra os totalitarismos nazista e comunista e que lhe impregnaram o discurso.

O subjetivismo moral

David Hume (1711-1776), importante filósofo escocês empirista, considera que o sentimento é fonte de nossos juízos morais e não a razão.[14] As distinções morais dependem das impressões que o agente tem: o sentimento moral de aprovação (sentimento agradável ou prazer moral) *versus* o sentimento moral de desaprovação (sentimento desagradável ou dor moral). Hume parte da ideia que os seres humanos são naturalmente dotados de sensibilidade moral e, consequentemente, que as motivações morais dos agentes humanos ocasionam neles sentimentos distintos e peculiares.

O *princípio moral* que nos permite distinguir o certo do errado repousa, então, em nossa própria natureza, que nos leva a experimentar prazer ou dor. Decorre daí nosso *senso moral inato*. Nas palavras de Hume, temos "percepção interna ou sentimento, que a natureza tornou universal na espécie toda". Afirma que as sensações estão na origem de nossos pensamentos e ações,

[14] HUME, David. *Investigação sobre os Princípios da Moral*. Campinas: Unicamp, 1995; CONTE, Jaimir. *A Natureza da Moral de Hume*. Tese (Doutorado), Universidade de São Paulo, São Paulo, 2004. Disponível em: <http://www.4shared.com/office/sGtGK10a/>. Acesso em: 3 nov. 2015.

que a moral é produto dos sentimentos ou que a moralidade é determinada pelo sentimento. Este senso moral é um sentimento que não é determinado pela razão, embora se valha dela: permite ao indivíduo se autogovernar e agir de forma virtuosa; funciona como dispositivo interno do sujeito, que o faz aprender e que o orienta em seu agir moral. É uma benevolência, espécie de sentimento/virtude, que conduz o homem à prática do bem.

O senso moral está associado às paixões, que são suas fontes originárias. As paixões determinam os fins morais que pretendemos alcançar. A paixão é uma faculdade ativa que gera comportamento e conduta. Não é o caso da razão, que é uma faculdade inativa, que gera reflexão e pensamento. Para Hume, a razão não pode ser motivo para uma ação da vontade e a vontade não pode se opor às paixões. De maneira que a base para decidir consiste em *seguir os sentimentos* ou as paixões, juízes das virtudes e dos vícios. Uma ação é certa ou errada, dependendo de acreditarmos que ela ocasionará prazer ou dor. Para Hume, os juízos morais, quanto à correção ou não correção moral de uma ação, dependem de suas consequências. Tal postura faz dele um predecessor do utilitarismo.

Ora, diremos nós, o subjetivismo moral, ou o sentimentalismo, como alguns preferiram chamá-lo, planta na natureza humana sentimentos de caráter universal. Esse pressuposto é, no mínimo, discutível. Dizer que a moralidade resulta da necessidade imperiosa de os homens cooperarem entre si e de se solidarizarem para assegurar a própria sobrevivência material é uma coisa; outra coisa bem diferente é supor que sentimentos ou paixões estejam inscritos nos genes, em uma "gramática moral universal", enraizada no cérebro do *homo sapiens*, ou na "simpatia universal", que nutriríamos por todos e quaisquer seres humanos. Tal asserção exige comprovações empíricas, que, até agora, não estão disponíveis.

Ademais, faz tabula rasa das condições reais de existência e, consequentemente, da relevância dos padrões culturais (mutáveis historicamente) e de seu impacto na moldagem das percepções e dos sentimentos humanos – disposições aprendidas e não herdadas biologicamente. O que é prazer ou dor para uns não o é necessariamente para outros, pois prazer e dor não são apenas físicos ou dos sentidos. Podem ser espirituais e, nesse caso, estão culturalmente condicionados.

Esqueçamos os sadomasoquistas e os estoicos, mas lembremos a plebe, que exultava nos espetáculos sangrentos das arenas romanas; os fanáticos, que vibravam fervorosos nos autos de fé da Inquisição; os nazifascistas, que se deliciavam, macabros, com as perversidades que cometiam; ou, ainda, os jihadistas, que celebram o martírio enquanto praticam atrocidades contra infiéis. Verificamos também que não há como separar sentimentos e linguagem, essa faculdade claramente aprendida. Afinal, dois povos de línguas e culturas dessemelhantes têm inegáveis dificuldades para decodificar os significados emprestados às práticas respectivas e, pior ainda, não conseguem decifrar em sua plenitude os sentimentos que cada qual experimenta. Que dirá a Babel de todas as comunidades humanas!

Onde se socorrer?

Descritas sumariamente algumas filosofias morais dentre outras tantas (epicurismo, estoicismo, hedonismo, contratualismo, intuicionismo, niilismo etc.), não há como não ficar aturdido, diante de um cardápio que serve a todos os gostos. Nessas condições, em sã consciência, qualquer escolha se assemelha a uma aposta, pois quem não fica desconcertado com a "descoberta" de que os fenômenos morais se prestam às leituras mais variadas – sem âncora para lançar e sem cais para atracar? Quem não fica tentado a acreditar que a relatividade do campo ético o torna incognoscível porque dependente de fatores tão díspares ou subjetivos? Feitas todas as contas, a pluralidade e a competição entre as diversas filosofias morais embutem duas sérias implicações.

A primeira é a seguinte: são tantos os princípios que procuram justificar o que é certo fazer, que eles parecem equivalentes e, por isso mesmo, mutuamente excludentes. Resultado? Os fundamentos das ações morais acabam relativizados e seu valor se dissipa na bruma das subjetividades.

A segunda implicação deriva diretamente da primeira. Na ausência de um padrão geral de aferição, deixa de haver um filtro que organize pensamentos tão variados e contraditórios – terreno fértil para a cizânia. Resultado? As polêmicas alongam-se, intermináveis. Bizantinas, dirão alguns; repletas de sofismas, dirão outros. Não importa: executivos ou clientes, cidadãos ou autoridades buscam meios competentes para conhecer os fatos morais, exigem conceitos que deem conta da realidade, anseiam por soluções pragmáticas. Sem o quê, se confundem, patinam ou escapam pela tangente.

As pistas estão dadas. O conhecimento científico ilumina e reduz as controvérsias, possibilita posicionamentos compreensíveis por todos. A Ética Científica enseja que sejam superados os intrincados entreveros em que se debatem as filosofias morais. Ou, dito de outra forma, a Ética, como ciência social, nos fornece respostas consistentes e replicáveis para tomar decisões eticamente orientadas. Coloca, à nossa disposição, um aparato conceitual preciso, parâmetros objetivos que balizam e fundamentam os posicionamentos diante dos dilemas morais. Desenvolve, sobretudo, um vocabulário testável de valor universal, que permite articular o consenso.

Vejamos em que consiste essa indispensável chave de decifração.

“Antes de tudo, não faça o mal.

Hipócrates”

2 A polarização entre universalismo e particularismo

A lógica das decisões

Como sancionar um desvio de conduta ou a transgressão a alguma norma universalista estabelecida por uma empresa? Aplicando ao pé da letra o que reza o código de conduta moral publicado (quando se tem um) ou apreciando as circunstâncias que cercam o caso? Adotando a *tolerância zero* do "tudo ou nada" ou adotando a *análise situacional* dos "riscos calculados" — ambas posturas orientadas pela razão ética?

Detectada uma infração moral, e havendo prévia propensão para punir, é comum privilegiar a leitura literal das diretrizes estabelecidas — às vezes com sanções desproporcionais ao feito. Errou, pagou; pecou, ferrou-se. Implacável veredito.

Em contrapartida, quando pairam dúvidas razoáveis a respeito da ocorrência ou de sua autoria, nem sempre os Comitês de Ética (ou comissões equivalentes) têm o preparo ou o tempo necessário para efetuar uma análise de riscos. Tendem, então, a minimizar os malfeitos e a não adotar medidas corretivas ou punitivas, isso quando não recorrem ingenuamente a racionalizações antiéticas. Em consequência, abandonam o campo dos interesses universalistas e se rendem aos interesses particularistas.

Os transgressores, por sua vez, também costumam se amparar em racionalizações antiéticas e o fazem, amiúde, *post factum* — um prato cheio para o autoengano. Saem à cata de justificações plausíveis para o ato cometido à semelhança dos "aconselhamentos legais" tirados do bolso do colete de alguns advogados ladinos. Essa inversão de percurso — do fim da linha para o começo — funciona assim: os infratores procuram razões aparentemente aceitáveis para se isentar da culpa *a posteriori*. Intento? Encobrir seus fins particularistas. Há estímulo mais eficaz para cegar os sujeitos da ação?

Analisemos, por exemplo, a fala informal de um calejado sonegador de impostos, rouco de tanto se justificar. Sentindo-se em casa, proclama: "Sonego, sim; quem não sonega?". Seguro de si, desfia um rosário de argumentos, que vão do peso desmedido da carga tributária ao cipoal da prolífica legislação sobre a matéria; das extorsões cometidas por fiscais à concorrência desleal de seus competidores que vendem sem nota ou com meia nota; do mau uso do dinheiro público à fragilidade dos mecanismos de controle; da precariedade dos serviços públicos à corrupção desenfreada que perpassa o país de cima a baixo; da insegurança jurídica que semeia incertezas aos execráveis exemplos de pilhagem dos cofres públicos — todos fatos inegáveis. Logo depois, medindo a temperatura do interlocutor, sentencia triunfante: "não sou trouxa; sonego para sobreviver". O malabarismo está completo: centra-se no próprio umbigo, como se nada tivesse a ver com as mazelas arroladas. Por fim, adivinhando uma possível objeção, arremata com o gesto seco de quem espanta uma mosca: "Deixemos de hipocrisia; não me venha com essa de bem comum". Empulhação discursiva.

Implicações? O sonegador despe-se de qualquer responsabilidade cidadã. Demonstra que não se importa com os equipamentos e os serviços públicos que faltarão. Recusa-se a pensar nos postos de saúde, na previdência social, nas escolas, nas creches, nas delegacias de polícia, na segurança pública, na engenharia de tráfego, nos órgãos de fiscalização, nos tribunais, nos centros de detenção, nas rodovias, nos metrôs, nos parques, nas bibliotecas... Como se isso tudo caísse do céu ou não lhe dissesse respeito. Porque dinheiro no bolso dele vale mais do que qualquer ativismo cidadão — coisa de otário. Dirá mais, em tom de provocação: "Vamos direto ao ponto. Já contou quantos Caxias combatem a ineficiência e a corrupção do governo? Sobram dedos na mão, não é mesmo?".

Esclareçamos o que está em jogo. Duas racionalidades se confrontam e inspiram decisões e ações em permanente tensão: de um lado, o universalismo inconcludente fundamenta a razão ética; de outro, o particularismo excludente fundamenta a racionalização antiética.

Decisões éticas	Decisões antiéticas
As decisões tomadas com base na *razão ética* são legítimas ou fundamentadas, porque obedecem a uma *lógica da inclusão* e se orientam por valores universalistas.	As decisões tomadas com base na *racionalização antiética* são ilegítimas e mistificadoras, porque obedecem a uma *lógica da exclusão* e se orientam por valores particularistas.
As decisões são éticas porque o bem gerado interessa a todos os seres humanos.	As decisões são antitéticas porque o bem, que beneficia alguns, causa mal a outros seres humanos.

Assim, por razões óbvias (uma vez que as sociedades humanas não são suicidas por definição), tudo o que contribui para a reprodução da sociedade ou a continuidade da vida social é positivo, benéfico, funcional, orientado pela racionalidade universalista; e tudo o que põe em risco a convivência coletiva é negativo, prejudicial, disfuncional, orientado pela racionalidade particularista.

A título de exemplo, contrastemos alguns valores universalistas (includentes) com valores particularistas (excludentes).

Valores universalistas	Valores particularistas
Integridade, justiça, dignidade, liberdade, idoneidade, competência, privacidade, solidariedade, equidade, pluralidade, isenção, confiança, imparcialidade, reciprocidade, honestidade, impessoalidade, individualidade, veracidade, diligência, coerência, mérito, efetividade, prudência, transparência, credibilidade.	Oportunismo, esperteza, manha, ganância, malícia, caradurismo, mesquinharia, jeitinho, lábia, permissividade, desconfiança, malandragem, egotismo, leniência, favorecimento, hipocrisia, artimanha, matreirice, dissimulação, engodo, suborno, parcialidade, logro, duplicidade, falsidade, nepotismo.

É conveniente saber que, dado seu caráter deletério, os valores particularistas nunca são proclamados abertamente, mas cultivados às escondidas, disseminados à boca pequena, em pequeno comitê. Por que será? Porque nem os próprios praticantes duvidam de seu viés ilícito.

Nessa altura, surge uma dúvida pertinente. Os valores não são variáveis no tempo e não mudam de sociedade para sociedade? Claro que sim. Os valores citados, por exemplo, são contemporâneos e desenvolvidos no mundo ocidental. Todas as evidências, porém, apontam para a seguinte generalidade sociológica: ainda que os valores culturais sejam mutáveis, a díade universalismo *versus* particularismo não o é, porque sua natureza é universal e atemporal. Isso significa que, sob quaisquer céus e em quaisquer épocas, a lógica universalista se contrapõe necessariamente à lógica particularista; o caráter inconcludente da primeira se opõe ao caráter excludente da segunda.

Essas duas lógicas estruturais subjazem à miríade de valores que repontam historicamente e lhes conferem seu sentido último. São as chaves explicativas, que tornam inteligíveis todos e quaisquer fenômenos morais do ponto de vista teórico ou em termos de análise ética.

Práticas consensuais	Práticas abusivas
Caso os agentes sociais gerem ganhos aos outros, as práticas são consensuais e *universalistas*, porque interessam a todos.	Caso os agentes sociais causem danos a outros, as práticas são abusivas e *particularistas*, porque prejudicam outrem.
A razão ética orienta tais decisões e ações, e lhes confere legitimidade universal, cujo caráter é teórico, abstrato e formal.	A racionalização antiética orienta tais decisões e ações, e mistifica os agentes com justificações morais, cujo caráter é histórico, concreto e factual.

Vejamos uma ilustração.

O estagiário

Um estagiário recém-formado trabalhou em uma seguradora, que tinha por praxe cobrar o custo dos danos provocados por terceiros aos veículos de seus segurados. A tramitação obedecia a duas etapas: em um primeiro momento, procurava negociar o ressarcimento, porém, se não houvesse acordo, executava o terceiro por meio de cobrança judicial. Acontece que danos cuja reparação não alcançava mil reais não eram cobrados dos terceiros. A razão da tácita "anistia" era que o dinheiro eventualmente recuperado não cobria a mobilização necessária para a negociação nem os custos da execução (advogados, custas judiciais, despesas administrativas etc.). O estagiário logo percebeu esta regra não escrita.

O moço então decidiu levantar todos os casos e negociar com os terceiros por sua própria conta e risco. Emitiu boletos, clonando os impressos da seguradora, e efetuou cobranças amigáveis. Chegou a parcelar o ressarcimento e até a dar desconto a quem pagasse à vista! O depósito dos montantes, porém, era feito em sua própria conta bancária.

Pensava o estagiário com seus botões: "Primeiro, a empresa considera esses casos como perdidos; portanto, eu não a prejudico. Segundo, estou cobrando o justo dos devedores e até facilitando sua vida. Terceiro, ninguém vai sentir falta do que quer que seja, porque estou fazendo algo que ninguém espera".

O esquema funcionou durante alguns meses e seu próprio chefe não desconfiou de alguma irregularidade, tecendo até reiterados elogios ao moço por seu empenho. O estagiário chegou a comprar um carro em prestações. Veio o dia, porém, em que o obrigaram a entrar em férias. Ele fez de tudo para escapar da escala, inutilmente.

Durante sua ausência, um "devedor" ligou para o ramal da mesa de trabalho dele e rogou que lhe concedessem uma prorrogação de prazo. O funcionário que atendeu o telefonema custou a entender do que se tratava. A qual caso o terceiro se referia? De que pagamento falava ele? O terceiro esclareceu que queria honrar a parcela da dívida que lhe cabia – referente ao boleto número tal, colisão tal –, mas só podia fazê-lo daqui a 15 dias... O funcionário da seguradora não levou muito tempo para perceber a fraude e comunicar o fato a seus superiores.

Intimado, o estagiário teve de interromper as férias. Foi inquirido pela auditoria interna e acossado diante das evidências. Não teve jeito de negar o que havia feito. Foi quando o auditor incumbido do caso lhe propôs um acordo: devolver o dinheiro em prestação e ser demitido; ou ser demitido e o caso parar na polícia. O estagiário se comprometeu por escrito a ressarcir o que havia surrupiado em dez parcelas mensais e o acordo foi avalizado pelos pais dele. No ato, naturalmente, foi demitido.

O gestor, a quem estava subordinado o estagiário e que não percebeu o esquema, propôs contratar o moço, desde que devolvesse o que embolsou. Para fazer o quê? Cuidar de cobrar os pequenos danos! Ninguém lhe deu ouvidos e a diretoria lhe aplicou uma advertência por sua desatenção e por sua falta de escrúpulos.

Temos pela frente um claro conflito de interesses entre a seguradora e o estagiário. Uma análise competente da situação exige obedecer a dois passos: o primeiro consiste em levantar os fatos morais relevantes e o segundo consiste em qualificar esses fatos cientificamente.

Fatos morais relevantes	Qualificação
Clonagem de boletos, apropriação de recursos da seguradora, desconsiderando a "anistia" dos terceiros responsáveis por pequenos danos.	Práticas egoístas.
Demissão do estagiário, compromisso de devolução do dinheiro e advertência ao chefe negligente e inescrupuloso.	Práticas altruístas restritas.

Nesse caso peculiar, a análise ética não dá margem a dúvidas. O estagiário enveredou pelos tortuosos caminhos da racionalização antiética: alegou que a empresa desprezava essas pequenas quantias, que a responsabilidade dos terceiros existia e que, ao negociar de forma exclusivamente amigável, estava lhes fazendo um favor. Alegações plausíveis. Deduziu, então, que não prejudicava ninguém. Acontece que, do ponto de vista objetivo, não lhe cabia cancelar a anistia concedida aos terceiros, embolsar recursos que não lhe pertenciam e se beneficiar à custa da seguradora, ainda que a empresa não contasse com esses montantes.

Como qualificar a conduta do estagiário? Cometeu seguidas práticas egoístas, porque satisfez seu interesse pessoal em detrimento de outrem. Em consequência, comprometeu seu futuro profissional ao escolher o mal ao invés do bem. Afinal, poderia ter mostrado a seus superiores que existia um método eficiente, ágil e barato de cobrar a responsabilidade financeira dos terceiros que haviam provocado pequenos danos. Um método que inovava em relação à fórmula tradicional, a qual, pelo visto, só era exequível para eventos em que os danos eram de maior porte.

Mais ainda. Caso revelasse que testara um piloto e que a negociação redundara em tais e quais recursos creditados na conta da empresa, isso não o credenciaria para um emprego fixo? Não lhe serviria de trampolim para voos mais altos na carreira? Se assim procedesse, não seria reconhecido como um jovem de mérito? Quem negaria o valor de uma iniciativa daquelas, criativa e lucrativa, a não ser algum burocrata empedernido, que acusaria o moço de ter desrespeitado as normas?

O estagiário, porém, optou por se locupletar à custa da empresa e arriscou o tempo todo ser descoberto. Ao demiti-lo, a empresa sancionou o infrator em legítima defesa e atendeu aos interesses dos acionistas. A punição visou o benefício grupal e obedeceu à razão ética (altruísmo restrito), uma vez que o bem produzido (livrando-se de um sujeito aproveitador e recuperando os recursos desviados) teve caráter universalista. Não é de interesse de todos que medidas desse gênero sejam adotadas? Claro, os malfeitos precisam ser coibidos e os danos ressarcidos.

Cabe agora reconhecer que, na vida real, as situações nem sempre se apresentam de forma tão franca – binárias, dicotômicas, maniqueístas –, nos expondo a escolhas, cujo recorte é cirúrgico. O estagiário operou na clandestinidade, apesar das justificações que ele havia formulado para uso próprio, pois sabia em seu íntimo que laborava em termos ilícitos, razão pela qual manteve estrito sigilo.

Vejamos outro caso.

Choque de realidade

Edgar é um jovem administrador, que cursou um MBA de primeira linha. Trabalhou em um importante banco paulista, cujas normas de compliance eram recorrentemente divulgadas e aplicadas. Estando em férias na Bahia, conheceu uma moça carioca, cujo pai mantinha uma extensa rede de relacionamentos no meio empresarial. Depois de um namoro que não chegou a durar um ano e que se convencionou ver como noivado, o futuro sogro decidiu apresentá-lo ao diretor de uma fábrica de equipamentos pesados. Surgiu daí uma boa proposta de emprego.

Edgar aceitou o convite, casou-se e radicou-se no Rio de Janeiro. Ao cabo de poucos meses, descobriu que muitos clientes estavam deixando de comprar equipamentos da empresa. Razões? Baixa qualidade, repetidos defeitos, assistência técnica precária. Ao levar suas preocupações ao gerente sênior, este o tranquilizou, dizendo que era tudo uma questão de tempo, pois uma nova linha estava sendo projetada e todas essas disfunções seriam sanadas com os avanços tecnológicos que os equipamentos incorporariam. De resto, não havia motivo para alarme, uma vez que o fluxo de caixa da empresa mantinha a situação equilibrada, graças às vendas efetuadas no interior. Afinal, essas praças desfrutavam de duas vantagens: pagavam em dia e não faziam tantas exigências técnicas.

Edgar fez de conta que concordava, mas continuou cismado, principalmente depois de perceber que as relações mantidas por seu gerente com os compradores eram "estranhamente próximas", como se fossem relações entre velhos amigos. O gerente viajava frequentemente e, quando não ia para o interior, comunicava-se bastante com os compradores, trocando mensagens pelo celular. Ora, por que não usar o e-mail oficial da empresa? Amiúde, os compradores vinham em visita ao Rio de Janeiro e o gerente fazia questão de os acompanhar a boates e a almoços animados, sempre regados a caipirinhas e a piadas de mau gosto. Outra coisa chamou a atenção de Edgar: em muitas ocasiões, seu gerente repassava discretamente gordos envelopes aos compradores. Conteúdo? Maços de notas de 100 reais. Edgar deu-se conta disso, quando, em vez de simplesmente guardar o envelope no bolso de trás da calça como todos faziam, um comprador contou os maços sem se importar com os olhares alheios. Era um brutamonte, com uma grossa corrente de ouro no pescoço, grosseiro e desaforado. Essa atitude incomodou muitíssimo o gerente que, segundo suas próprias palavras, quase interpelou o sujeito na hora.

Perturbado com essas descobertas, Edgar vivia angustiado. Um dia, aceitou o convite de um antigo colega de MBA para participar de um seminário sobre estratégias de negócios, patrocinado pela empresa em que este trabalhava. No debate que se seguiu, o desempenho de Edgar foi tão destacado que um dos participantes fez questão de o convidar para jantar. Era nada menos do que o dono da empresa patrocinadora. Resultado: Edgar recebeu uma interessante proposta de trabalho, mas havia um senão – teria de se mudar para Recife.

Ao relatar o fato à esposa, esta caiu em prantos. Ele se apressou a segurá-la nos braços, no afã de a consolar, mas foi rechaçado com força. O que estava acontecendo? Aos gritos, a esposa anunciou que a ideia de sair do Rio de Janeiro era um desrespeito total com ela. Afinal, antes de casar, ela havia deixado claro que os pais dela estavam velhos e que necessitavam de sua assistência. Era filha única. Mudar do Rio de Janeiro nunca esteve em seus planos. Primeiro, porque cursava um mestrado na Universidade Federal. Segundo, porque detestava o calor do Nordeste. Terceiro – e aí estourou a bomba –, porque estava grávida! Edgar sentiu as pernas lhe faltarem.

Umas três semanas se passaram e Edgar passou por algumas situações novas. A mais séria do ponto de vista profissional foi a de um bom negócio que ele fechou no Mato Grosso e que, na hora da assinatura do contrato, o deixou aturdido. O comprador perguntou sem rodeios onde estava o envelope dele! Edgar vacilou, como se tivesse uma vertigem. O comprador, porém, lhe disse, sem hesitação, para procurar direito em sua pasta. Surpreso, Edgar investigou a própria pasta, sobretudo os papéis que ele havia recebido das mãos do gerente. Não é que lá estava o envelope? Ao retornar da viagem, recebeu os parabéns da diretoria pelo bom desempenho. Seria um indício de alguma promoção?

A segunda situação foi uma conversa que ele teve com o dono da empresa pernambucana. Este vinha insistindo para obter uma resposta ao convite feito e advertiu: "Não pense que a vida será fácil nas minhas bandas, pois me recuso a subornar gente do governo e perco, sim, negócios com entidades públicas. É ruim, mas não dou mesmo propinas ou presentes a comprador safado!"

A terceira situação o deixou transtornado. A esposa lhe disse que, em face da história clínica da família dela, havia feito um teste de detecção de doença hereditária e que havia fortes possibilidades de a criança apresentar a anomalia genética que acometia seus familiares... Embora não letal, o gene recessivo era altamente debilitante. Edgar sabia que, se mudasse de emprego, ficaria sem o seguro-saúde que sua empresa atual bancava.

A quarta situação disse respeito a boatos na praça sobre a compra da empresa carioca por uma empreiteira, que era reiteradamente mencionada nas páginas policiais da grande imprensa, metida em tramoias milionárias.

O que fazer? Na hipótese de ele ir para Recife, a esposa dele o ameaçou com duas coisas. A primeira era com o aborto, contra o qual ele não se opunha por duas razões: uma é que não seria sensato criar uma criança com grave deficiência, sabendo de antemão qual seria seu difícil e precário destino; outra é que seria injusto com a própria criança, que nasceria indesejada pela mãe. A segunda ameaça era com o divórcio, perspectiva que não lhe agradava, uma vez que gostava da esposa.

A ideia de ficar no Rio de Janeiro, porém, lhe repugnava, porque o tornava cúmplice de operações escabrosas e significava trilhar uma carreira de corruptor. De outro lado, estava claro que ficar na cidade vinha ao encontro da vontade da mulher: cuidaria dos pais e completaria seu mestrado. Todavia, pensando bem, agradar a mulher lhe soou como desculpa para viver uma vida clandestina, embora materialmente confortável. Em contrapartida, ir para o Recife e trabalhar em uma empresa idônea lhe permitiria escapar da sina de mergulhar nessa rede infernal de corruptos e corruptores, mas poria em risco seu casamento e não lhe daria a oportunidade de fazer um bom pé de meia.

O que sacrificar?

Primeiro passo, levantar os fatos morais relevantes; segundo passo, qualificá-los cientificamente; finalmente, refletir a respeito.

Fatos morais relevantes	Qualificação
Acumpliciar-se com a corrupção ativa praticada na empresa carioca.	Prática parcial.
Aceitar proposta de Recife em empresa idônea.	Prática autointeressada.
Concordar com o aborto de uma criança indesejada e que nasceria com grave deficiência.	Prática altruísta restrita.

Edgar refletiu longamente, sopesou os prós e os contras, e fez uma proposta à esposa: aceitar o novo emprego (e teceu as razões para tal), voltar do Recife quase todos os fins de semana para ficar com ela e deixar que ela decidisse o que fazer com a gravidez, já que ela havia tido boas razões para fazer o teste que detectou a doença hereditária. Além do mais, ponderou que ela poderia se juntar a ele alguns fins de semana, levando consigo seus pais, se tivessem disposição para viajar. Com o tempo, quem sabe ele poderia encontrar alguma oportunidade menos comprometedora no Rio de Janeiro?

Houve choro e súplicas, mas Edgar não arredou pé. Disse à esposa que apoiaria a decisão que ela tomasse quanto à gravidez e, mais ainda, que aceitaria o divórcio! Insistiu que não queria ser mais um "desses caras que levam vantagem" e vivem aos sobressaltos com medo de serem pilhados em flagrante delito. Essa situação o incomodava profundamente e ele tinha a rara opção de não sujar as mãos.

Sua determinação impressionou a esposa e a solução proposta acabou prevalecendo. Com o tempo, a situação foi se acomodando, principalmente quando a esposa terminou seu mestrado e cogitou prestar um concurso para dar aula em uma universidade pernambucana. Nessa altura, o sogro decidiu se empenhar fortemente para encontrar nova colocação para Edgar no Rio de Janeiro.

Resultado: Edgar optou por obedecer à razão ética, ao não querer macular sua carreira profissional mancomunando-se com práticas espúrias. Preservou seu autointeresse e não prejudicou ninguém. Embora o embate fosse entre dois empregos que poderiam ser sumariamente classificados como expressões do "mal" e do "bem", a situação dele implicava mais variáveis do que a simples opção entre dois termos nitidamente demarcados. Implicava aceitar males necessários (aborto, divórcio) para alcançar bens maiores (não criar uma criança defeituosa rejeitada pela mãe; sacrificar o próprio casamento e sofrer as consequentes agruras em prol de uma vida que não o comprometesse moralmente).

Se Edgar e sua mulher aceitassem trazer ao mundo a criança defeituosa, resignando-se aos sofrimentos que certamente adviriam, a decisão deles constituiria uma prática parcial, pois atualizaria convicções em detrimento do destino reservado à criança. De fato, algumas almas piedosas consideram uma obrigação moral dar vida a todo e qualquer embrião, mesmo quando previsivelmente suas condições de saúde seriam precárias. Ora, essa postura carece de humanidade e guarda relação direta com algum dogma ideológico: pensemos em uma criança anencefálica ou acometida por doença degenerativa: seria razoável trazê-la ao mundo? Por que condenar os pais a tal calvário e, pior, por que submeter a criança a padecimentos indizíveis?

A rosa dos ventos das decisões éticas

É preciso reconhecer que as questões éticas apresentam, muitas vezes, uma riqueza insuspeita: não adianta crer ingenuamente que a matéria se resume a escolher entre o bem e o mal. Há como negar o delicado entrelaçamento entre ambas as realidades? De modo algum, como veremos. Daí a necessidade de encarar a complexa teia de vínculos e de contradições que a vida em sociedade desdobra à nossa frente. Do entrechoque entre bens e males, resulta um arranjo nada convencional, que denominamos a "rosa dos ventos das decisões éticas". Nesta configuração, em vez de termos genéricos, destituídos de precisa identidade, os bens e os males ganham densidade e qualificação.

A rosa dos ventos das decisões éticas

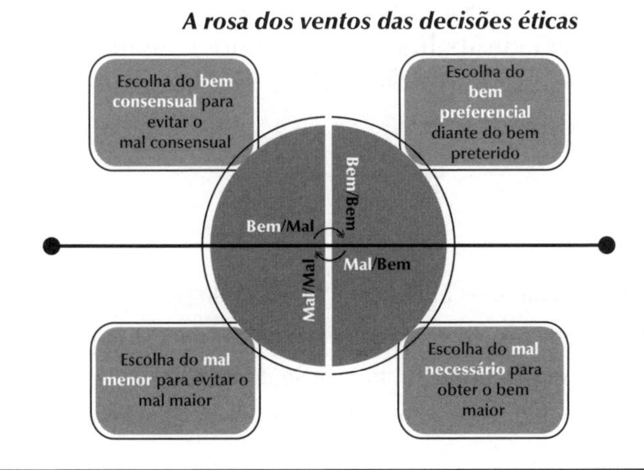

Figura 3

Essa instrutiva combinatória põe em jogo pares variantes e impõe delicadas escolhas, que exigem lúcido discernimento:

- Bem ou mal? O bem consensual afasta o mal consensual.
- Bem ou bem? O bem preferencial se impõe ao bem preterido.
- Mal ou bem? O mal necessário leva ao bem maior.
- Mal ou mal? O mal menor impede o mal maior.

Vamos nos deter um pouco mais nos termos com os quais lidamos. O que vemos? Que o bem e o mal não são invariantes. Há quatro tipos de bem e quatro tipos de mal: o bem pode ser consensual, preferencial, preterido ou maior; o mal pode ser consensual, necessário, menor ou maior. Seu emparelhamento não é aleatório, mas ordenado: os termos formam pares complementares e contraditórios; unidades, cuja identidade própria os torna irredutíveis entre si. A escolha entre dois bens não se parece com a escolha entre dois males; a preferência do bem sobre o mal nada tem a ver com a escolha do mal necessário para obter o bem maior.

Um comentário essencial, agora, se faz necessário. Ao falarmos de bem e de mal, não estamos nos referindo, é claro, às definições históricas do certo ou do errado, da virtude e do vício, do justo ou do injusto, cuja variabilidade é inegável. Estamos nos remetendo, isso sim, ao "bem teórico" — cuja lógica é a razão ética, o universalismo consensual e inconcludente — e ao "mal teórico" — cuja lógica é a racionalização antiética, o particularismo abusivo e excludente. Estamos operando, pois, com generalidades abstratas em um plano analítico e formal, não nos atendo a singularidades concretas em um plano histórico e factual.

Assim, para darmos conta das situações reais com as quais nós nos deparamos, vale a pena nos aventurarmos no fascinante percurso que porá à prova nossa capacidade analítica. Comecemos com um caso que nos ajudará a visualizar o aparente paradoxo das escolhas em que o mal comparece e um de seus tipos prevalece.

Riviton

Uma fábrica centenária de brinquedos, criadora do famoso Monopoly (Banco Imobiliário), a Parker Brothers de Salem (Estados Unidos), lançou, em 1978, um produto que fez grande sucesso. Tratava-se do Riviton, um kit de plásticos e rebites de borracha, que permitia construir diferentes tipos de objetos para brincar. Quase

500 mil crianças já usavam o produto, que representava uma receita de 8 milhões de dólares, quando um evento surpreendente aconteceu.

Uma criança de oito anos, que já brincava de modo seguro com o Riviton há várias semanas, enfiou um rebite na garganta e morreu. Os próprios pais não souberam explicar como tal coisa pôde acontecer.

The Wall Street Journal entrevistou o presidente da Parker Brothers, Randolph G. Barton, que declarou se tratar de um acidente aberrante. "Afinal - disse ele -, as causas maiores de sufocação entre crianças são os amendoins e ninguém jamais advogou a proibição dos amendoins."

A companhia não estava legalmente impedida de produzir o Riviton, uma vez que a agência federal Consumer Product Safety Commission (CPSC) não a obrigava a tanto. Criada pelo Congresso no início da década de 1970, a agência definia padrões, estimulava o uso de produtos seguros, recomendava recalls e processava indústrias. Os consumidores norte-americanos, já conscientizados por várias campanhas sobre seus próprios direitos, estavam exigindo cada vez mais segurança nos produtos, bem como maior qualidade, pelos mesmos preços praticados antes.

O que cabia ao CEO fazer? Mandar pesquisar as causas das ocorrências, a fim de redesenhar o produto, de maneira a impedir que - por qual milagre? - as crianças colocassem os rebites de borracha na boca? Afixar avisos na embalagem do produto, alertando que esse brinquedo se destinava a meninos e meninas de mais de 10 anos? Aumentar a faixa etária, o que provavelmente inviabilizaria as vendas? Advertir que a empresa não se responsabilizava pelo uso inadequado do produto?

A empresa considerou inócuas ou perigosas essas providências. Por quê? Porque não afastavam o risco de prejudicar o negócio como um todo. Por fim, rotulou o incidente como isolado e continuou a fabricar e vender o brinquedo.

Menos de um ano depois, uma segunda criança, de nove anos, morreu em circunstâncias parecidas. As vendas estavam beirando 10 milhões de dólares e a produção total desses brinquedos já atingia 1,125 milhão.[1]

O que fazer?

---

[1] HENDERSON, Verne E. *What's Ethical in Business?* New York: McGraw-Hill, 1992. p. 10–11.

Fatos morais relevantes	Qualificação
Assumir o risco de nova morte de criança para não perder receita.	Prática parcial.
Tomar medidas preventivas, ainda que à custa da receita.	Prática altruísta restrita.

Imagine-se, caro leitor, na pele do CEO: o que faria? Pense nos vários cenários possíveis, fazendo uma análise custo-benefício. Ou, quem sabe, prefira se valer de normas morais inquestionáveis, porque de caráter universalista. Encontrou alguma saída razoável?

A Parker Brothers enfrentou o quebra-cabeça da seguinte maneira: suspendeu a produção e assumiu fazer o *recall* de todos os brinquedos. Afinal, a empresa estava sob o fogo cruzado das pressões internas dos acionistas e das pressões externas da opinião pública. O presidente Barton resumiu os motivos da seguinte maneira: "A decisão foi muito simples. O que devíamos fazer – sentar e esperar a terceira morte?".

A Parker agiu após reflexão madura: optou por perder receitas com a descontinuidade da produção e decidiu desembolsar recursos com o *recall*. Por quê? Porque ninguém podia garantir que o impacto sobre a reputação da empresa não seria desastroso. Quem podia assegurar que não haveria uma associação entre o Riviton e o fantasma da morte? Como se poderia evitar que toda a linha de produção da Parker acabasse contaminada pela maldição dos incidentes fatais? Em vez de lembrar a alegria de brincar e de viver, o nome da empresa poderia provocar calafrios em pais preocupados com a segurança dos filhos.

Foi também descartado o "argumento estatístico", que consistia em considerar irrelevantes duas mortes sobre 1,1 milhão de brinquedos vendidos. Como comparar duas categorias tão díspares, sem indignar os públicos de interesse? Precificando a vida das crianças?

A despeito das convicções íntimas do presidente – pessoalmente convencido de que os brinquedos não induziam as crianças a colocar peças na boca –, pesaram na equação decisória as expectativas dos clientes e a pressão da opinião pública.

Afinal de contas, a Parker adotou uma posição que obedece à razão ética e orientou-se por valores universalistas. Não o fez, porém, de forma mecânica; não aplicou simplesmente alguma norma moral previamente formulada. Agiu com base em uma análise situacional, que envolveu uma análise de riscos. Preferiu pagar o preço do mal menor (prejuízo financeiro) para evitar o mal maior (risco de pôr em xeque o negócio como um todo). Essa decisão altruísta restrita beneficiou clientes e acionistas, além de preservar o capital de reputação da empresa.

Todavia, caberia perguntar-se: se o Riviton fosse o carro-chefe da empresa, qual seria a decisão? É difícil precisar. O importante é que a posição assumida, embora custosa, deu novo brilho à credibilidade da Parker Brothers. Ela perdeu dinheiro no curto prazo, porém desfrutou de exposição favorável na mídia. O fato de retirar os produtos das prateleiras e de cessar a produção do brinquedo foi interpretado pelos públicos de interesse como mal necessário (sacrifício que a Parker Brothers bancou) para obter o bem maior (a preservação da segurança dos consumidores).

Com isso, a empresa deu uma efetiva demonstração de que se preocupava com o bem-estar de seus jovens clientes, ao mesmo tempo que administrava os temores e as expectativas dos pais. No médio prazo, tais providências repercutiram positivamente sobre seus resultados.

Em ambas as leituras – a da empresa ou a dos clientes –, a legitimação ética repousou em uma análise situacional. Isto é, sobre um dos dois modos de tomar decisões éticas de forma científica. No caso, sobre a teoria ética da responsabilidade, a qual sopesa as consequências previsíveis que as decisões provocam e que visa alcançar fins universalistas.

Os fins nunca justificam os meios?

Repete-se à exaustão, em todo lugar e nos mais variados contextos, uma frase peremptória: "Os fins não justificam os meios". Apesar de ser pronunciada com ar de sabedoria, poucos sabem por que os meios utilizados não são justificados pelos fins perseguidos. Ou ainda, qual é a linha divisória que separa meios aceitáveis e meios abusivos. Ainda que façamos de conta que a afirmação esteja clara para todos, seria ela uma verdade inquestionável? Tratemos de desmistificá-la.

Enquanto a teoria ética da responsabilidade lida sem tropeços com as quatro díades que formam a rosa dos ventos das decisões éticas (bem consensual/mal consensual, bem preferencial/bem preterido, mal necessário/bem maior, mal menor/mal maior), a teoria ética da convicção

– aquela que denominamos "tolerância zero" – confina o mal ao território maldito da racionalização antiética. Isso significa que não admite compor com o mal, seja ele "menor" para evitar o mal maior, seja ele "necessário" para obter o bem maior. Por conseguinte, opera tão somente com as duas primeiras díades e se atém firmemente a elas: o bem consensual prevalece sobre o mal consensual e o bem preferencial prepondera sobre o bem preterido. As outras escolhas não fazem sentido, pois implicam resvalar para a barbárie: compactuar com o mal – menor ou necessário – desqualifica o bem conquistado, pois a marca do mal é indelével.

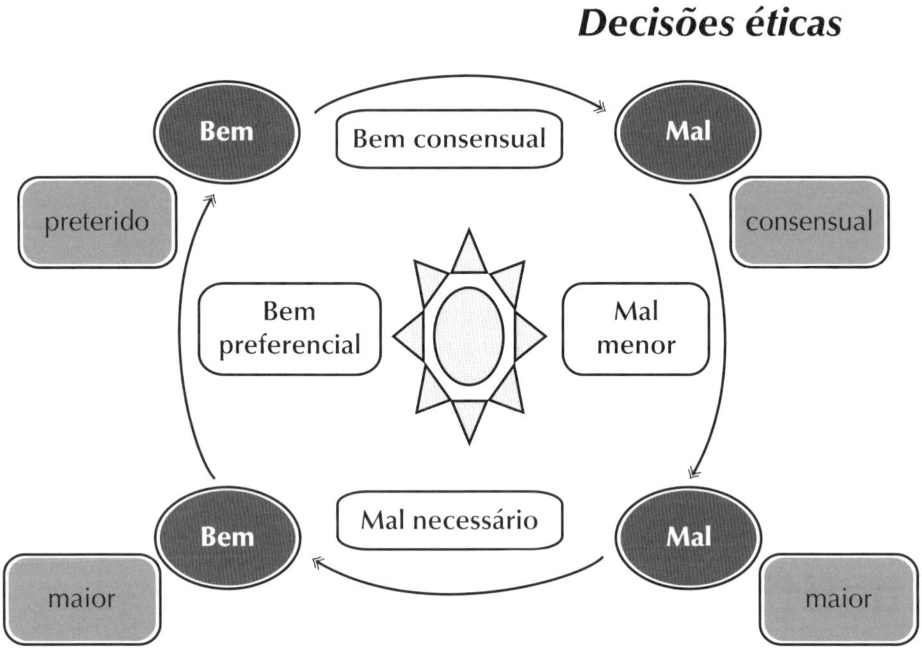

Decisões éticas

Figura 4

Essa clivagem maiúscula entre as duas teorias insere um dilema substantivo: quais são os meios toleráveis para levar a efeito as decisões? A teoria ética da convicção só admite lançar mão de "meios puros", portanto isentos de qualquer maldade; a teoria ética da responsabilidade vai superar essa postura, aceitando "meios excepcionais".

Albert Camus inverteu a famosa fórmula maquiavélica de forma lapidar: "Não são os fins que justificam os meios, mas os meios que justificam os fins". Fundamento? Partiu do pressuposto de que cometer o mal, ainda que para alcançar o bem, compromete o próprio fim que se pretende. Em razão disso, os que se orientam pela teoria ética da convicção condenam de forma categórica aquela máxima que, no imaginário popular, se confunde com o vale-tudo e proclamam, em alto e bom som, que os fins não justificam os meios em circunstância alguma. Existiriam, assim, meios toleráveis, que se contrapõem a meios inadmissíveis.

A teoria ética da responsabilidade questiona corajosamente essa evidência intuitiva, fazendo uma pergunta primordial: será que os fins, todos eles, têm a mesma natureza? De modo algum! Quem não distingue os fins torna-se refém de uma falácia, porque os fins não são todos idênticos. É indispensável separar as águas, porque o capeta está nos fins; os meios vêm a reboque.

Diante das questões morais, cabe sempre indagar: de quais fins estamos falando? Sem diferenciar os fins, boa parte das decisões tomadas na vida real acabaria lançada na vala comum das condutas antiéticas. Pior ainda: seriam estigmatizadas as análises de risco da teoria ética da responsabilidade. Graves equívocos. Sejamos realistas: distingamos os dois tipos de fins. Temos:

1) Fins *particularistas*, de natureza nefasta, que beneficiam um único agente ou alguns poucos à custa de outros; e

2) Fins *universalistas*, de natureza benfazeja, que interessam a todos os seres humanos.

A teoria ética da responsabilidade se distancia do idealismo da teoria ética da convicção ao reconhecer que "meios puros" são desejáveis, mas nem sempre recomendáveis. Admite, sem receio, para horror dos puristas, que "há males que vêm para o bem"! Ou, de forma enfática e popular, que "não há melhora sem dor".

Encaremos algumas evidências. Não é a dor um precioso sinal de alerta para que o agente adote uma atitude corretiva? Claro que é; trata-se de mal necessário. Submeter-se a tratamento dentário não implica suportar incômodos e aflições, embora seja inescapável para assegurar a saúde bucal? Certamente; alguém duvida disso? Ou ainda: ao constatar que um pé está gangrenado, o que fazer para permanecer vivo? Amputá-lo, dirão os médicos; o que dirá o paciente? Isso para não falar das dores do parto, que anunciam a chegada de nova vida. Todos esses males são necessários para alcançar o bem maior.

Convenhamos então: cumpre reconhecer tais "males" como partes inerentes ao processo de tomada de decisão ética. Seria insensatez ou cegueira rechaçar tal evidência, pois, por estranho que pareça a alguns, certos males têm caráter universalista, importam a todos os seres humanos, são imperativos incontornáveis.

Dito isso, vale deixar claro que o bem maior não significa o bem da maioria, mas de todos. Não equivale à ditadura da maioria, não endossa qualquer discriminação discricionária, nem aceita o sacrifício dos interesses da parte menos numerosa da sociedade. Porque a ditadura da maioria inviabiliza a convivência social e condena os agentes a viver em um permanente estado de insegurança, deixando todos à mercê da volubilidade dos humores da turba.

De forma ainda mais específica, é preciso não confundir os interesses da maioria com os interesses gerais. Enquanto os interesses gerais têm caráter universalista – importam a todos os seres humanos e perpassam tempos e sociedades –, os interesses da maioria fincam seus pés em conjunturas históricas, flutuam de sociedade para sociedade, de época para época. Por isso mesmo, podem se converter em disposição abusiva e particularista com relativa facilidade. Lembremos a ascensão do nazismo ou do chavismo por meio de eleições democráticas e seus posteriores desdobramentos (as Leis Habilitantes, em ambos os regimes, viabilizaram a tirania por meio de decretos). Instalada no poder, a ditadura da maioria (ou de quem se diz seu representante) persegue os opositores, segrega os dissidentes, asfixia a mídia, suprime as liberdades individuais, manieta os poderes legislativo e judiciário, promove o ódio, impõe o terror e, por fim, enquadra todas as atividades coletivas na disciplina de sua "verdade única". Redunda em totalitarismos que prometem o paraíso (terrestre ou celestial) e proclamam a redenção de todas as injustiças em nome da maioria. O resultado é sempre o mesmo: subjugam os "diferentes" a seu arbítrio. Isso nada tem a ver com os interesses gerais que expressam as expectativas e importam a todos sem discriminação.

Expliquemos melhor esta última ideia. Por exemplo, embora a desapropriação de imóveis afete os interesses de alguns, a implantação do metrô interessa a todos, uma vez que beneficia os próprios incomodados! O mesmo vale para a implantação de penitenciárias: ninguém as quer por perto, mas não há como evitar tê-las. Raciocínio idêntico se impõe com respeito à exigência de diplomas para médicos e engenheiros, já que põem em risco a vida de pessoas. E o que diremos de hidrelétricas, de aterros sanitários, de estações de tratamento de esgoto, de redes de abastecimento de água, de aeroportos, de radares nas rodovias e de multas por excesso de velocidade, ou ainda de campanhas de vacinação obrigatória?

Agora, o oposto da ditadura da maioria tampouco se justifica: sob o pretexto de respeitar direitos, não se pode instituir a ditadura da minoria. Em situação evitável, não se pode permitir que todos sejam sacrificados para o bem provisório de alguns. A minoria não pode pôr em risco a sobrevivência do todo, caso contrário, todos estariam condenados ao perecimento, inclusive, é claro, essa mesma minoria. Por exemplo, seria ou não vital confinar doentes infectocontagiosos para prevenir surtos epidêmicos, que poderiam provocar crises humanitárias? Claro que seria! Neste preciso caso, a privação de liberdade de uma minoria se impõe irremediavelmente e constitui um mal necessário.

Desse passo em diante, cabe entender que determinadas situações exigem medidas excepcionais. Em legítima defesa, ou seja, em reação a abusos de outrem, indivíduos ou coletividades não apelam para a violência? Se uma mulher puder golpear seu estuprador, de forma que possa impedir que consuma seu propósito, vale ou não fazer o mal a quem o produz? Sabedores de que seriam massacrados nos campos de extermínio, os judeus sobreviventes do gueto de Varsóvia promoveram um levante contra os nazistas entre janeiro e abril de 1943: com as poucas armas de que dispunham, sua resistência suicida não foi eticamente legítima? De modo que fins universalistas justificam os meios utilizados, sim, mesmo os abusivos! Justificam o uso de "meios impuros" na linguagem da teoria ética da convicção. Isso não significa, porém, que a vida social equivalha a um faroeste ou que tudo seja permitido. Bem ao contrário. Fins universalistas justificam os meios utilizados desde que seja inviolável a dignidade daqueles que estiverem em "menor número".

Deixemos claro, nessa altura, o que diferencia uma "situação evitável" de uma "situação extrema". Na situação evitável, a maioria encontra uma luz no fundo do túnel, uma saída de escape, e faz "escolhas emergenciais". Por exemplo, não se deixa uma empresa falir, condenando todos os empregados ao desemprego e arruinando seus proprietários, caso seja possível demitir alguns para reduzir custos e tentar reerguer o negócio. Faz sentido, nesse preciso caso, sacrificar a minoria para evitar que todos percam — frisemos, todos —, cabe adotar o mal necessário para obter o bem maior.

Na situação extrema, diferentemente, a maioria padece, porque ocorrem as "escolhas de Sofia".[2] Aqui, a minoria objetivamente possível é beneficiada, pois não há como atender a todos. Pensemos em um navio que afunda e que não dispõe de barcos salva-vidas em número suficiente para

2 Vide o desenvolvimento do tópico no capítulo seguinte.

acomodar todo mundo ou a maior parte dos passageiros. Seria razoável deixar de usar os barcos disponíveis e recusar-se a salvar aqueles que coubessem? Sonoro não! Muitos serão condenados? Por certo. É preciso, no entanto, render-se às condições objetivas. O que se faz então? Escolhe-se o mal menor: elege-se algum critério objetivo e acomoda-se os poucos que cabem nos barcos salva-vidas. Por quê? Para evitar o mal maior que seria a morte de todos.

Posto isso, fica evidente que distinções e especificações, tanto dos fins como das situações reais, se impõem. Com qual intuito? O de dispormos de instrumentos precisos de análise, que afastem qualquer trato ingênuo das questões morais.

Epidemia

Em julho de 2014, em função do surto de Ebola que matou milhares de pessoas, alguns governos africanos decidiram vigiar suas fronteiras e companhias aéreas, e cancelaram voos para a região afetada (Guiné, Libéria e Serra Leoa). Concomitantemente, governos do resto do mundo anunciaram que, em busca de sinais da doença, checariam e monitorariam todos aqueles que desembarcarem desses três países.

Fatos morais relevantes	Qualificação
Vigilância nas fronteiras dos países vizinhos e monitoramento dos passageiros oriundos dos países atingidos.	Práticas altruístas imparciais.

Que situação é essa? Trata-se de violação de direitos civis (o direito de ir e vir) ou se cuida de prevenção indispensável (mal necessário para conter uma epidemia)? Os doentes, ou seja, uma minoria acometida pelo flagelo, estariam sendo discriminados?

O vírus do Ebola põe em xeque a vida de centenas de milhares de pessoas. Em face dos graves riscos de contaminação a que a população mundial está exposta, faria sentido respeitar o direito de ir e vir dos doentes, deixar de confinar os casos reconhecidos da doença e recusar-se a pôr em quarentena os suspeitos de serem portadores do vírus? Seria sensato não monitorar quem manteve contato com pessoas infectadas? Claro que não! Medidas excepcionais se impõem, mas com critério. Por exemplo, não cabe isolar por inteiro as regiões atingidas para não sufocar suas economias e impedir o fluxo de ajuda médica e humanitária. Ou seja, é preciso balancear as salvaguardas de um lado e de outro.

Pensar diferente disso, e agir como tal, levaria a um purismo perigoso. Poderia satisfazer algumas consciências habituadas ao conforto dos gabinetes, mas não responderia aos desafios que os homens de ação têm de enfrentar – homens que se encontram no campo à mercê das tormentas, põem a mão na massa, resolvem problemas e previnem desgraças.

Resultado? Os males, que consistem em cercear a circulação das pessoas e monitorar países e regiões de origem, em confinar infectados e deixar em quarentena suspeitos de terem sido contaminados, correspondem a providências indispensáveis para o bem maior, que é preservar a humanidade da epidemia. Há algo mais universalista? Opera aqui a teoria ética da responsabilidade com sua análise de riscos e seu exame ponderado das consequências.

Nessa mesma linha, ainda que em registro diferente, trazemos outra questão candente nos dias que correm.

Para conter terroristas

Em janeiro de 2015, três terroristas fizeram 17 vítimas na França em nome da guerra santa (jihad). Em razão disso, 11 países europeus decidiram implantar o Passenger Name Record (PNR), um sistema de supervisão já existente nos Estados Unidos, no Canadá, na Austrália e na Grã-Bretanha, e que permite colher e trocar dados sobre passageiros de transporte aéreo.

Tal providência alterou a legislação vigente na União Europeia que proibia a transmissão de informações a órgãos governamentais em nome do respeito à vida privada. Propósito? Controlar a movimentação dos jihadistas que engrossam as fileiras do Estado Islâmico e prevenir que esses jovens islamistas venham a cometer atentados na Europa.[3]

Fatos morais relevantes	Qualificação
Ações terroristas.	Práticas parciais.
Medidas preventivas contra o terrorismo.	Práticas altruístas imparciais.

[3] NETTO, Andrei. Para controlar jihadistas, Europa rastreará passageiros aéreos. O Estado de S.Paulo, 11 jan. 2015. Disponível em: <http://internacional.estadao.com.br/noticias/geral,para-controlar-jihadistas-europa-rastreara-passageiros-aereos,1618463>. Acesso em: 7 nov. 2015.

Por que práticas parciais? Porque as ações terroristas beneficiam seus autores e as organizações que eles dizem representar em detrimento das vítimas que eles imolam – e sem que isso represente um bem para a humanidade.

De resto, como garantir a segurança dos cidadãos contra fanáticos que prezam a morte, consideram infiéis os demais seres humanos, lhes impõem a subjugação e a conversão forçada à sua religião insana, quando não os massacram pura e simplesmente? É claro que a privacidade de cada um de nós precisa ser preservada, mas não se podem perder de vista as ameaças que os terroristas internacionais representam. Medidas restritivas no deslocamento se impõem e são eticamente legítimas com base na análise de riscos (teoria ética da responsabilidade).

Apreciemos agora outra situação, também desafiadora.

A fuga

Durante a Segunda Guerra Mundial, pescadores holandeses transportavam secretamente em seus barcos refugiados judeus para a Inglaterra. Os barcos eram, às vezes, interceptados por barcos-patrulha nazistas. O oficial das tropas invasoras perguntava qual era o destino, quem estava a bordo etc. Os pescadores mentiam e obtinham permissão de passagem.

Os holandeses só tinham duas opções: mentir ou permitir que os judeus (e eles próprios) fossem presos e executados. Não havia terceira opção, tal como fugir ou manter o silêncio.[4]

Fatos morais relevantes	Qualificação
Salvar vidas humanas.	Prática altruísta extremada.
Mentir a respeito dos passageiros.	Prática altruísta restrita.
Perseguir minorias.	Prática parcial.

A conduta dos pescadores holandeses, se solidarizando com os judeus e assumindo o risco de morte, orienta-se pela teoria ética da responsabilidade, pois pretendiam salvar os judeus dos campos de extermínio, preservando-lhes a vida (bem maior).

[4] RACHELS, James. *Elementos de Filosofia Moral*. Lisboa: Gradiva, 2004. p. 183–184.

Pensemos em Kant, precursor maior e patrono da teoria ética da convicção. Diz ele que, se aceitarmos a veracidade como um valor absoluto, não se deveria mentir em circunstância alguma. Ora, caso os pescadores dissessem a verdade, todos seriam mortos. Ou pensemos em outro valor absoluto: não se deve permitir a execução de pessoas inocentes. Como os pescadores impediriam tal desfecho, se não arriscassem eles próprios a execução? Tais orientações axiológicas se tornariam o preâmbulo da morte anunciada para os judeus embarcados e conduziriam igualmente os pescadores holandeses ao pelotão de fuzilamento.

Não foi esse o caminho escolhido. Ao acolherem os refugiados judeus, os pescadores já haviam aceitado correr os riscos inerentes à decisão de salvar vidas. Assumiram cometer o mal necessário para alcançar o bem maior: convenceram-se de que mentir seria, além de prudente, judicioso, e que arriscar a própria pele seria indispensável para salvar seus semelhantes de uma morte certa.

Estamos, pois, diante de duas decisões diametralmente opostas e ambas desfrutando de legitimidade ética:

1) A "decisão convicta" levaria os pescadores a desistir da empreitada ou a aceitar os imprevistos do destino: se fossem abordados por um barco-patrulha, não mentiriam e seriam todos mortos; ou se porventura não fossem avistados pelas patrulhas, teriam logrado salvar os refugiados sem cometer perjúrio algum;

2) A "decisão responsável" consistiria em calcular os riscos e em apostar na dissimulação de seu verdadeiro propósito, a fim de preservar a própria vida e a de seus passageiros: mentiriam, sim, mas cometeriam uma mentira piedosa, generosa, humanitária, eticamente legítima.

Por que será? Porque a iniciativa dos pescadores é universalista. Ela visa salvar seres humanos perseguidos por uma ideologia parcialista e excludente (o nazismo), que prega a discriminação, dissemina a intolerância e promove o ódio, propala explicitamente e pratica metodicamente a eliminação física de minorias – judeus, ciganos, portadores de deficiência física e mental, homossexuais, dissidentes políticos, prisioneiros de guerra.

Em decorrência, não se pode afirmar que a busca da razão ética ou da lógica da inclusão universalista resulte, em todas e quaisquer situações, em uma única e competente solução. Sobretudo, não se pode exigir que se lance mão de "meios puros" em quaisquer circunstâncias, pois há soluções que passam por "meios impuros": soluções que implicam cometer males menores para evitar males maiores ou que requerem males necessários para alcançar o bem maior.

A compreensão dos fins universalistas transcende a leitura vulgar e rasa da Ética que se reduz a confrontar o bem e o mal e a adotar meios puros de ação. Abre também o leque de escolhas eticamente orientadas; escolhas, muitas vezes, dolorosas e até inimagináveis.

O segredo do segredo

O matemático inglês Alan Tuning, pioneiro na ciência da computação, desvendou o Código Enigma, um código de mensagens cifradas, utilizado pelos nazistas durante a Segunda Guerra Mundial e decantado como impossível de decodificar. Seu trabalho foi considerado crucial para o desenlace da guerra, encurtando em dois anos a vitória dos Aliados. Qual foi o feito? Interceptar mensagens que permitiram derrotar os alemães em confrontos cruciais, incluindo a Batalha do Atlântico.

Essa descoberta maiúscula trouxe em seu bojo um delicado problema ético. Era essencial que os alemães não percebessem que seus planos eram conhecidos. Em consequência, todos os dias, a equipe decidia quais ações inimigas seriam frustradas e quais não sofreriam intervenção extraordinária. Isso significou decretar a morte de centenas ou milhares de civis e militares nas frentes desguarnecidas...

Trágicas escolhas. Caso interferissem em todas as operações reveladas, os alemães desconfiariam que seu código fora violado e os Aliados destruiriam seu trunfo — a decifração do código de comunicação inimigo. Caso elegessem, como o fizeram, algumas operações estratégicas nas quais interviriam preventivamente, deixando outras seguirem seu curso natural, estariam escolhendo o menor dos males. Preservariam seu segredo para infligir reveses severos e pontuais às tropas alemãs e, por extensão, usariam essa vantagem decisiva para ganhar a guerra. A destruição do tenebroso nazifascismo (fim universalista) legitimou eticamente a adoção dessa linha de ação "consequencialista".

Comprando roupas do inferno

Em abril de 2013, a produção de roupas com baixos custos em Bangladesh provocou uma tragédia. Desabou um prédio de oito pisos que abrigava fábricas e um centro comercial em Daca, capital de Bangladesh, o Rana Plaza. No episódio morreram 1.127 pessoas.

Apesar das visíveis rachaduras, amplamente rastreadas no dia anterior, os donos das fábricas ignoraram todas as advertências para evitar o uso do edifício e deram ordens expressas para que seus trabalhadores adentrassem no prédio. A jornada de trabalho tinha de ser cumprida. As consequências não poderiam ter sido piores.

Fatos morais relevantes	Qualificação
Condições de trabalho extremamente precárias e exploração da mão de obra.	Práticas parciais.
Ordem de adentrar edifício condenado para cumprir a jornada de trabalho.	Prática parcial.

Racionalizações antiéticas justificaram tais práticas. Ora, calamidades da mesma espécie não são incomuns e se repetem sem cessar nos *sweatshops* do mundo todo, tragando a vida de crianças e adultos. A quem culpar pelas deploráveis condições de trabalho? Quem se beneficiou com isso? Eis perguntas cruciais que merecem resposta, pois quase ninguém escapa da responsabilidade.

Seriam as grandes redes varejistas que encomendam a terceiros a confecção das roupas e que fazem vista grossa sobre as condições de trabalho (salários miseráveis, longas jornadas de trabalho, riscos de acidente, locais inadequados ou insalubres)? Não há como negar.

Em função do acontecido, a Disney rompeu seus laços com as fábricas de Bangladesh, dando cabo a contratos e licenciamentos. Foi seguida por Walmart e Gap, preocupados com a possibilidade de sofrerem processos judiciais. Em uma linha diametralmente oposta, outros varejistas, como H&M, Carrefour, Benetton, Inditex e PVH Corp, firmaram um acordo global para que um comitê, chefiado por um delegado indicado pela Organização Internacional do Trabalho, supervisionasse as condições existentes em 5.000 fábricas de Bangladesh. Os custos foram assumidos pelas redes. Ora, deveriam esses varejistas serem boicotados porque assumiram riscos ou deveriam receber um crédito de confiança pelo fato de contribuírem para a geração de empregos e para o crescimento da economia de um país paupérrimo, em um contexto em que as condições de trabalho seriam melhoradas?

Ou deveriam os consumidores serem responsabilizados, uma vez que estão sempre à procura de preços baixos? E quanto aos clientes que preferem comprar produtos certificados: deveriam eles ser louvados? E os demais deveriam ser censurados, ainda que não ganhem o suficiente para comprar produtos oriundos do *fair trade* (comércio justo)?

Ou ainda: será que os órgãos governamentais de Bangladesh são os verdadeiros responsáveis por essas catástrofes? Por que será que não impediram a entrada dos trabalhadores quando sabidamente o prédio não oferecia condições mínimas de segurança?[5] Está claro que não estão isentos de culpa no caso.

O que dizer disso tudo? Os donos das confecções agiram tendo em vista o cumprimento dos prazos contratados e a preservação de suas receitas. Dadas as condições do prédio, porém, sua decisão resultou em um claro abuso particularista, parcialista, em função do flagrante desrespeito à vida dos funcionários.

Por sua vez, em face da desastrosa repercussão mundial, as redes varejistas que decidiram romper os laços com as confecções (como a Disney fez) agiram à luz da razão ética, baseados na teoria ética da convicção. Tolerância zero, tudo ou nada, universalismo da preservação da vida e da dignidade dos trabalhadores, escolha do bem consensual afastando o mal consensual (não contribuir para futuras ocorrências de tão nefastas implicações). Evitaram, assim, ser contaminadas pela tragédia e pouparam seus clientes de algum drama de consciência. Sobrou-lhes, porém, a tarefa de encontrar e desenvolver novos fornecedores (provavelmente em países menos permissivos em termos de normas reguladoras), empresas que não fossem comprometidas com práticas abusivas e que pudessem competir em termos de qualidade e preço. Sem o quê, as redes ficariam em condições desvantajosas diante dos concorrentes e acabariam alijadas do mercado.

Todavia, ao fim e ao cabo, ao romper os laços com as confecções, deixaram de fomentar negócios em Bangladesh, país carente de recursos, e reduziram as oportunidades de emprego para muitos trabalhadores. Isso as poupou de ter de pressionar o governo local para que aplicasse uma regulamentação mais estrita ao setor de confecções.

[5] BARTCH, Cathy. Buying Clothes From Hell: Who Bears The Ethical Responsibility For Preventing Future Sweatshop Catastrophes? *Ethics Newsline*, Institute for Global Ethics, 2013. Disponível em: <http://www.dw.de/v%C3%ADtimas-pedem-justi%C3%A7a-um-ano-ap%C3%B3s-desabamento-de-f%C3%A1brica-em-bangladesh/a-17590506>. Acesso em: 7 nov. 2015.

Paralelamente, e de forma contraditória, as demais redes varejistas que decidiram firmar um acordo de monitoramento e supervisão, assumindo os respectivos encargos e correndo os riscos de eventuais falhas, adotaram uma posição que também obedece à razão ética, porém com base na teoria ética da responsabilidade. Análise situacional, riscos calculados, universalismo do respeito a quem trabalha e preocupação com o futuro econômico de país carente de tudo. Houve escolha do mal necessário — estabelecer normas regulamentadoras, vigiar rigidamente seu cumprimento e financiar o processo, ainda que possam ocorrer imponderáveis. Para quê? Obter o bem maior: continuar atendendo os clientes com preços razoavelmente competitivos, sem deixar de oferecer empregos e sem deixar de fomentar negócios em Bangladesh. Essas redes tiveram a coragem de construir parcerias para tentar corrigir os abusos, em vez de adotar a estratégia da terra arrasada, dando as costas aos problemas.

Soluções opostas, portanto, diante do mesmo dilema: alguns varejistas deixaram de operar com as confecções de Bangladesh (teoria ética da convicção), enquanto outros reformularam suas relações, tomando precauções e assumindo riscos calculados (teoria ética da responsabilidade).

Acontece que nem sempre os agentes sociais, sejam eles indivíduos, sejam eles grupos, fazem escolhas tendo em vista alcançar o bem universalista (restrito ou comum) — esse bem que interessa a todos. Frequentemente, tendem a privilegiar seu bem restrito particularista — um bem que causa danos aos outros agentes. Acabamos de ver isso ao verificar que os donos das confecções ameaçaram seus trabalhadores com a demissão, caso não adentrassem no edifício condenado. Típica racionalização antiética.

Vamos explorar agora a crucial relação entre padrões culturais e inclinações comportamentais.

Como o hábito faz o monge

O renomado biólogo Fernando Reinach relata um experimento envolvendo empregados de um banco internacional de investimento. Gente que vive em um ambiente altamente competitivo e cuja remuneração maior deriva dos bônus recebidos. Foram 160 voluntários que, secretamente, foram divididos em dois grupos pelos pesquisadores.

Todos os voluntários foram levados para uma sala e deixados sozinhos para participar do experimento. Ocorre que, antes de receber as instruções, os membros do primeiro grupo responderam a perguntas sobre sua vida familiar (quantos filhos, quantas horas de sono, quais esportes praticavam etc.), enquanto os membros do segundo grupo responderam a perguntas que versaram sobre seu ambiente de trabalho (banco em que trabalhavam, competição interna, remuneração auferida, avaliação dos colegas etc.). Essas perguntas e respostas foram as únicas variáveis que distinguiram os dois grupos.

O jogo consistia em lançar dez vezes uma moeda para o alto. O resultado (cara ou coroa) deveria ser anotado em uma tabela no computador que estava sobre a mesa. Caso aparecesse coroa, o prêmio seria de US$20; em contrapartida, as caras nada valiam. Assim, se o voluntário anotasse dez coroas, ganharia US$200. Como ninguém vigiava o que acontecia, o voluntário tanto podia agir honesta como desonestamente.

Escreve Reinach: "Quando você lança uma moeda um número muito grande de vezes, o número de caras e coroas obtido tende a se igualar, mas, quando um número pequeno de repetições é usado (dez, no caso do experimento), a distribuição varia muito, não sendo difícil obter 7 ou 8 coroas e 3 ou 2 caras. Ou seja, observando o resultado de cada indivíduo, é impossível saber se ele roubou e, mais importante, é impossível identificar o ladrão. Esses voluntários, com mais de dez anos de trabalho no mundo financeiro, sabiam disso.

O que os cientistas observaram é que os voluntários que foram colocados aleatoriamente no grupo de controle, e foram submetidos a um questionário que sugeria uma situação familiar, não roubaram, ou seja, os resultados obtidos (51,6% de coroas) não são estatisticamente diferentes do esperado, 50% de coroas. Mas, no caso dos voluntários que aleatoriamente haviam sido colocados no grupo em que as perguntas sugeriam um ambiente de trabalho, os resultados obtidos demonstraram que houve trapaça. Eles registraram 58,2% de coroas, o que é estatisticamente diferente de 50% com alto grau de certeza."

De modo que bastaram algumas perguntas sugestivas (contraste entre o ambiente caseiro e o ambiente profissional) para que os voluntários se comportassem de forma diversa. O que deduzir? Que somos todos ambíguos e, no mais das vezes, à mercê de fatores externos.[6]

[6] REINACH, Fernando. Como o hábito faz o monge. *O Estado de S.Paulo*, p. E9, 6 dez. 2014.

Fatos morais relevantes	Qualificação
Ações desonestas.	Práticas egoístas.
Ações honestas.	Práticas autointeressadas.

Por que práticas egoístas? Porque beneficiam quem as comete à custa dos promotores do experimento. Autointeressadas são as ações honestas, ao expressar a boa-fé de seus autores.

O experimento nos induz a refletir sobre a influência deletéria da cultura empresarial vigente no setor financeiro, sabendo que os ganhos monetários ali auferidos costumam estar descolados das remunerações correntes nos demais setores econômicos. Tal descompasso poderia explicar, aliás, a vigência de uma espécie de hedonismo autocentrado: a disposição para competir ferozmente, o dinheiro como estalão de valor, o consumo exibicionista encenando a felicidade, o foco nos bônus polpudos, a permissividade no tocante aos meios utilizados para o atingimento de metas, a concepção dos negócios como jogo de pôquer em que se celebra o blefe... Todos padrões particularistas: egoístas, quando esposados por indivíduos; parciais, quando praticados por grupos.

O experimento demonstra ainda que, havendo tentações e carência de controle, a inclinação a agir honestamente fraqueja de modo pronunciado. Ocorre que isso não é replicado do mesmo modo em outros setores de atividade. De fato, repetida a experiência em setores não financeiros, a propensão à desonestidade não se manifestou com tamanha intensidade.[7]

Essas constatações reforçam a ideia de que as condições ambientais, aí incluídos os padrões culturais e os sistemas de controle, são determinantes para moldar as condutas dos agentes sociais. Por isso é que alguns fatores-chave merecem redobrado cuidado nas empresas e exigem medidas de detecção.

Por exemplo: a quantas andam as oportunidades de se locupletar? Foram implantados mecanismos que inibem ou bloqueiam os malfeitos? Os gestores se empenham em ações pedagógicas para desmascarar e refutar as racionalizações antiéticas que são veiculadas? Foram estabelecidos processos de monitoração das atividades mais propensas a transgressões com sanções eficazes contra as infrações? Com que frequência são dados exemplos edificantes e fornecidos incentivos para condutas íntegras? Em suma: um

[7] MOHAN, Geoffrey. Banking industry culture primes for cheating, study suggests. *Los Angeles Time*. Disponível em: <http://www.latimes.com/science/sciencenow/la-sci-sn-cheating-bankers-20141119-story.html#page=1>. Acesso em: 21 nov. 2014. E também em: <http://www.nature.com/nature/journal/v516/n7529/full/nature13977.html>. Acesso em: 19 nov. 2014.

ambiente controlado previne ocorrências, enquanto um ambiente permissivo enseja o vale-tudo.

Posto isso, vamos aprofundar a grave questão da produção do mal. Uma experiência científica, realizada na Universidade de Yale nos anos 1961–1962 pelo psicólogo norte-americano Stanley Milgram, ilustra de forma dramática as disposições universais que os agentes sociais apresentam para cometer o mal.

A experiência de Milgram

Foram recrutados voluntários remunerados para testar os efeitos da punição sobre a aprendizagem e a memória – objetivo declarado de uma pesquisa realizada nos anos 1960. Não havia, na época, a obrigação de revelar o verdadeiro intento dos experimentos.

O voluntário seria o "instrutor" e ministraria um choque elétrico a um "aluno" (apresentado na hora) toda vez que este deixasse de associar a palavra correta a um dos cinquenta pares que haviam sido "aprendidos" e que o instrutor leria no decorrer do experimento. Os choques começariam com 15 volts e o incremento por erro era de 15 volts até o máximo de 450 volts. Este último botão exibia o rótulo "XXX", ou seja, a morte! Foi dito reiteradamente aos "instrutores" que se incomodavam com o sofrimento dos "alunos" que o pesquisador assumiria inteira responsabilidade pelo experimento.

Acontece que os "alunos" eram atores e os "instrutores" nada sabiam a respeito.

Qual então era o objetivo real da experiência? Pesquisar a disposição dos participantes em se submeter à figura de uma autoridade. Essa autoridade os instruiria a desempenhar atos que pudessem conflitar com a própria consciência. Assim, o que o experimento visava pesquisar de fato era a obediência à autoridade.

Os resultados do experimento foram estarrecedores: 65% dos "instrutores" puniram seus "alunos" com o máximo de 450 volts (mataram os alunos!); nenhum parou antes dos 300 volts (aleijaram os alunos!); e a disposição para torturar não variou nem em função dos gêneros nem em função da origem social![8]

---

[8] Psicologia Experimental. Disponível em: <http://psicologiaexperimental.blogs.sapo.pt/2059.html>. Acesso em: 7 nov. 2015. E também em: <http://rodolfo.typepad.com/no_posso_evitar/2009/06/experimentos-em-psicologia--stanley-milgram-e-o-choque-de-autoridade.html>. Acesso em: 7 nov. 2015.

Fatos morais relevantes	Qualificação
Não revelar aos voluntários o verdadeiro objetivo do experimento.	Prática parcial.
Submissão à autoridade da maior parte dos voluntários, acumpliciando-se.	Prática parcial.
Disposição efetiva para torturar.	Prática egoísta.

Esse experimento foi replicado de forma sistemática em diferentes países e em diferentes épocas. Os resultados foram semelhantes. O que deduzir? Que temos, todos nós, uma disposição congênita para cometer o mal. Que o horror nos habita quando nos conformamos às ordens de uma autoridade superior, sobretudo quando a agenda dela é perversa. Qual seja: que tendemos, nós todos, a aderir à racionalização antitética com relativa desenvoltura, se a responsabilidade por nossos próprios atos for transferida a outrem. Corolário: a "banalização do mal" não é apanágio dos regimes totalitários, já que sua universalidade é reconhecível sob quaisquer céus.

No Brasil, por exemplo, a banalização da esperteza (chave de nossa moral do oportunismo) constitui um padrão oculto de normalidade, que consiste em tirar proveito dos outros e em provocar o mal de forma despreocupada e, às vezes, jocosa. De fato, a moral oficial da integridade faz a apologia da virtude e nos ensina a sermos pessoas de bem, enquanto a moral oficiosa do oportunismo faz a apologia da esperteza e nos ensina a levar vantagem em tudo.[9]

É possível inferir dessas considerações que os agentes sociais não são bons nem maus uma vez por todas: tanto podem cometer bondades como podem perpetrar maldades. Do ponto de vista das sociedades inclusivas ou das organizações, cabe gerenciar as condições que facultam um estado ou outro. Sem controles democráticos e sem policiamento das condutas, tanto atrocidades podem ser cometidas como a anarquia pode se instalar. De resto, não há como deixar de reconhecer que somos portadores de disposições malignas para transformar a vida dos outros em um inferno. Seres complexos e ambíguos, eis o que somos.

Certas restrições, portanto, merecem ser coletivamente impostas e certas sanções devem ser adotadas para reprimir excessos e assegurar a vida coletiva. Contudo, os mecanismos repressivos não podem ser ilimitados ou indeterminados. Há que se definir alguns interditos, semelhantes às cláusulas constitucionais pétreas, cujas exceções devem ser precisas e previstas. Peguemos o clássico exemplo da tortura. Perguntamos: seria ela tolerável, ainda que em

[9] A respeito da dupla moral brasileira, ver, do autor, *Ética Empresarial [...]. Op. Cit.* capítulos 5 e 6.

situações extremas? A polêmica é secular. Desdobrando a experiência anterior, enfrentemos a famosa charada da bomba prestes a explodir.

O uso da tortura

Você é da CIA e capturou um perigoso terrorista no ato de armar uma bomba atômica. Ótimo trabalho. Mas há um senão: o relógio indica que a bomba vai explodir em 60 minutos. Milhões de pessoas vão morrer, inclusive você e sua família. O terrorista conhece o código que desarma a bomba (ou, pelo menos, você supõe que saiba).

Aí pergunta educadamente ao terrorista qual é o código. Ele se nega a falar. Você decide pressioná-lo: apela para sua humanidade, provoca seu medo da morte, promete imunidade, oferece dinheiro, implora. Nada funciona. Você o ameaça então com as piores dores do mundo. Inutilmente. Enquanto isso, o relógio infernal vai fazendo tique-taque, tique-taque...

Em desespero de causa, você faz o que deve fazer: pega sua furadeira elétrica e a vibra perto da orelha dele. Sem sucesso. Passa então para a ação: simula o afogamento do terrorista até o ponto em que ele quase sufoca. O sujeito não se entrega. Você começa a suar frio, porque o tempo passa e a detonação está cada vez mais iminente. O que fazer para evitar a morte de milhões de concidadãos e salvar a própria família? Não dá para hesitar mais. Você introduz no reto dele um aparelho que injeta alimentos gordurosos. Milagre: o terrorista cede! Ele urra de dor e soletra o código. Trêmulo, você digita as letras e – eureca! – aborta a explosão.

Parabéns: você salvou uma metrópole e a nação agradecida perdoa a técnica utilizada para dobrar o terrorista. A técnica? Eufemismo para a tortura.

O problema é que na vida real os cenários nem sempre são de bombas-relógio prestes a explodir. Quão fiáveis são as suspeitas sobre ameaças à segurança coletiva? Na ciranda de incertezas e de ambiguidades, muitos inocentes podem vir a ser torturados – por exemplo, as vítimas de troca de identidades, de falsos reconhecimentos, de confusão de nomes. Ademais, pergunta-se: a tortura seria justificável se a bomba não fosse nuclear? E se só tivesse potência para matar cem pessoas? Ou dez pessoas? Ou uma única pessoa? Cabe torturar um sujeito mesmo que tenhamos dúvidas razoáveis a respeito do envolvimento dele?

E, no tocante à eficácia da tortura, não sejamos ingênuos. Por que se ater à técnica da simulação do afogamento ou da alimentação forçada pelo ânus? Já que estamos com a mão na massa, por que não arrancar as unhas dos suspeitos com alicate ou, quem sabe, abusar deles sexualmente? Por que não cortar seus dedos, um a um, ou desarticular seus membros em um lento esquartejamento? Por que não estuprar suas mulheres ou matar seus filhos na frente deles? Afinal, a prevenção é tudo: por que não eliminar as populações que sabidamente formam terroristas? Seria uma sábia política dedicada a uma profilaxia higiênica, não é mesmo?

Façamos uma pausa. Diante do horror que acabamos de descrever, caberia atribuir aos organismos de segurança a latitude para definir as técnicas mais adequadas para interrogar suspeitos? Entretanto, como deixar de reconhecer que a maioria das pessoas não resistiria à pressão para torturar quem instalasse uma bomba-relógio?[10]

A teoria ética da convicção não teria problema algum em qualificar a aplicação de métodos brutais de interrogatório a supostos terroristas como práticas parciais. De sorte que condena rigorosamente toda e qualquer tortura. A teoria ética da responsabilidade, no entanto, opera com cautela nesse terreno minado, pois valida excepcionalmente a tortura, caso se tenha provas concretas de que o terrorista dispõe de informações decisivas sobre uma operação capaz de provocar uma carnificina. Pavoroso endosso.

Não há como deixar de reconhecer que a questão é dramaticamente polêmica. Vejamos então o comentário a seguir, que aprofunda o tema.

Consequências da tortura

Escreve o admirável jornalista francês Gilles Lapouge a respeito da tortura utilizada pela CIA entre 2001 e 2007 na guerra contra o terrorismo islâmico: "Ainda hoje a quase totalidade dos republicanos defende que se recorra a esse horror em casos extremos para obrigar os suspeitos a falar, com a honrosa exceção do também republicano John McCain. Torturado na juventude pelos vietnamitas, ele repudia que se adote o suplício. Segundo ele, 'as sevícias infligidas aos prisioneiros produzem informações mais erradas do que precisas. As vítimas da tortura dão informações falsas para acabar com seu sofrimento'."

[10] BROOKS, Rosa. Não acredite na CIA quando ela diz que precisava torturar. O Estado de S. Paulo, p. A18, 14 dez. 2014.. Disponível em: <http://internacional.estadao.com.br/noticias/geral,nao-acredite-na-cia-quando-ela-diz-que--precisava-torturar-imp-,1606745>. Acesso em: 7 nov. 2015.

E Lapouge indaga: "Deveremos então nos desesperar e concluir que os defensores da tortura jamais se emendarão, mesmo que a história prove que seu uso, longe de favorecer a vitória, ao contrário, a afasta e deixa os que a praticaram enfraquecidos, feridos, doentes?".[11]

Abominável é a tortura, sem dúvida, e nisso a teoria ética da convicção pontifica, ao condenar enfaticamente qualquer abuso contra a pessoa de terroristas, dissidentes políticos, hereges ou ímpios. Com efeito, a vida social não pode ser concebida como uma arena de gladiadores, em que a sobrevida de uns signifique o sofrimento atroz e a morte de outros. Para operar a contento, ela implica um mínimo de regras de convivência, compartilhadas e consensuais. Regras impecavelmente representadas pela Declaração Universal dos Direitos Humanos.

Da mesma forma que a prática da tortura é, em princípio, inadmissível em sociedades civilizadas, há também práticas inaceitáveis nas empresas. Por exemplo, fraudar de alguma maneira os públicos de interesse, corromper e se deixar corromper em entidades públicas ou em organizações privadas, ou ainda desrespeitar direitos humanos.

Ocorre que a teoria ética da responsabilidade abre uma brecha nessa barragem quando *fins universalistas* justificam "meios impuros" – por exemplo, firmar acordos de leniência com empresas cartelizadas ou triar feridos em hospitais em função da capacidade de atendimento. Assim, em situações absolutamente excepcionais, o uso da violência física e psicológica se justificaria, rompendo ainda mais as barreiras de contenção. A despeito da repulsão que suscita, como já vimos, em muitos casos tortura-se um terrorista declarado que dispuser de informações vitais as quais possam prevenir uma hecatombe. Eis, decerto, uma decisão execrável, que viola os direitos básicos, mas que é indispensável para assegurar a segurança de uma coletividade cuja sobrevivência esteja em xeque.

Essa significativa divergência entre as duas teorias éticas nos indica que elas navegam no mesmo rio universalista, mas seus rumos bifurcam mais adiante, quando a teoria ética da convicção segue as águas claras dos deveres e a teoria ética da responsabilidade segue as águas barrentas dos fins. É mais fácil escolher, sem dúvida, entre o bem consensual e o mal consensual, ou entre o bem preferencial e o bem preterido, enquanto é mais

[11] LAPOUGE, Gilles. Consequências da tortura. *O Estado de S, Paulo*, 12 nov. 2014. Disponível em: <http://internacional.estadao.com.br/noticias/geral,consequencias-da-tortura-imp-,1605768>. Acesso em: 7 nov. 2015.

complicado optar entre o mal necessário para obter o bem maior ou entre o mal menor para evitar o mal maior.

Quando reconhecemos um fato moral?

Surge uma dúvida pertinente diante do fato de que a tortura foi considerada moralmente justificada durante séculos e nos mais diversos quadrantes do planeta (na Idade Média e na Renascença, por exemplo, a Igreja Católica foi um dos piores algozes de toda a história humana, em nome de Deus e em nome do amor), assim como foram justificados os sacrifícios humanos, o infanticídio, a escravidão e outras tantas aberrações. Afinal de contas, em que momento um fato social determinado é percebido como fato moral? Quer dizer, quando é que um fato social se torna objeto de estudo da Ética? E mais: como reconhecer objetivamente o que é o "bem" e o que é o "mal"?

Resposta sintética: quando os padrões culturais qualificarem esses conceitos como tal ou quando o conhecimento científico a respeito for estabelecido. No reconhecimento dos fatos morais, há, pois, dois fatores intervenientes: a dinâmica histórica e o desenvolvimento do saber científico — processos que podem, aliás, fecundar-se mutuamente.

Expliquemos. Até recentemente, o hábito de fumar era considerado uma questão de preferência. Era amoral (neutro moralmente), porque não havia consenso científico a respeito dos males que causava. Hoje em dia, fumar foi "moralizado" ou vem sendo qualificado com base em juízos de valor. O que mudou? Tornaram-se irrefutáveis as provas quanto aos efeitos altamente nocivos do tabagismo e, diante das evidências, os padrões morais foram afetados. Caso, pois, da intervenção do conhecimento científico na vida social.

Ocorre que muitos fatos sociais são moralmente neutros porque, aparentemente, não causam nem bem nem mal. Todavia, cabe indagar: será que muitos fatos sociais são considerados neutros porque sua moralidade não foi "reconhecida" nem pela ciência nem pelos agentes sociais, ainda que, mais tarde, se reconheça seu teor moral? A resposta é positiva.

Aliás, a dinâmica histórica serve-nos de ilustração. No Ocidente atual, muitas atividades foram "amoralizadas", passando de "problemas morais" a opções de estilos de vida. Deixaram de ser, portanto, objetos da Ética. Por exemplo: ser mãe e trabalhar fora, o divórcio, os filhos ilegítimos, ser mãe solteira, a virgindade, o sexo pré-marital, a masturbação, a homossexualidade, a sodomia, a união homoafetiva, o sexo oral, o ateísmo, o casamento inter-racial, a nudez frontal, a multiplicidade de parceiros sexuais, o uso de preservativos para evitar uma gravidez indesejada ou para prevenir doenças venéreas.

Todos esses são casos de mudança dos padrões morais sob o impacto de inúmeros fatores: urbanização intensa, migrações internacionais, guerras que baralham fronteiras e destroem tabus, acesso à comunicação instantânea e planetária, presença marcante das mulheres no ensino formal e consequente entrada maciça no mercado de trabalho, pílula anticoncepcional, múltiplos formatos de família, multiculturalismo, separação do Estado e da Igreja, disseminação do laicismo, consenso quanto à importância das liberdades individuais, repulsa à discriminação das mulheres, dos homossexuais, dos indígenas e de outras tantas minorias políticas etc.

Em apoio a isso, a análise objetiva comprova que deixar de considerá-los problemas morais não causa prejuízo social, ainda que algumas situações inspirem cuidados. Por exemplo, o relacionamento sexual com múltiplos parceiros impõe a necessidade de praticar sexo seguro (uso de preservativos); casamentos desfeitos impõem responsabilidades com os filhos que resultam dessas uniões (guarda partilhada ou clara definição do poder familiar); mães solteiras ou que trabalham fora necessitam dispor dos meios adequados para que suas crianças recebam a devida atenção (creches) etc. São questões que exigem equacionamentos competentes, mas que não exacerbam mais os ânimos como acontecia outrora, estigmatizando moralmente aqueles que ousavam afrontar os padrões estabelecidos.

Em sentido contrário, muitas práticas se tornaram problemas morais, quer dizer, foram "moralizadas" — tornaram-se objetos de estudo da Ética —, à medida que foram cientificamente "reconhecidas" como tais, em função do teor de seus impactos: a publicidade dirigida ao público infantil, a segurança dos automóveis e dos produtos de consumo, as armas de brinquedo, as roupas fabricadas em *sweatshops*, as embalagens descartáveis, a "comida lixo" (*junk food*), os refrigerantes, o açúcar refinado, os aditivos químicos em alimentos, os assédios moral e sexual, o tratamento dispensado aos porcos ou frangos nas granjas de criação, a forma de abater o gado, a exploração madeireira sem manejo florestal, as fazendas que usam defensivos agrícolas ou agrotóxicos, a pesca predatória, a pecuária que desmata, a mineração sem restrições, a exploração petrolífera com seus riscos ambientais, os casacos de pele, as represas hidrelétricas com seus imensos reservatórios, a energia nuclear com seus riscos de vazamento e radiação, a violência na televisão, o abandono de animais domésticos, a alimentação forçada de patos e gansos para obter *foie gras*, os bônus milionários dos executivos, as touradas, as piadas racistas, a pedofilia, o peso das modelos de desfile...

Vale a pena perguntar-se então: por que certas práticas deixaram de ser problemas morais enquanto outras se tornaram objetos de estudo da Ética? A pesquisa deve focalizar, de um lado, o contexto histórico que favoreceu a mudança dos padrões culturais e, de outro, o consenso científico que se formou a respeito. Com qual intuito? Identificar a natureza das práticas para saber se são anódinas ou se produzem algum efeito sobre outros agentes em termos de benefícios ou de malefícios observáveis.[12]

Eis por que, à margem ou a despeito do "reconhecimento histórico" ou não dos fatos morais, quaisquer fenômenos sociais que afetam os agentes real ou potencialmente, causando danos (provocando o mal) ou gerando ganhos (provocando o bem), são cientificamente objetos de estudo da Ética.

Insights indispensáveis

No intuito de consolidar o percurso teórico que estamos perfazendo, cumpre esclarecer que, para conceituar cientificamente as práticas sociais que são objetos de estudo da Ética, é preciso ter em mente um par de cuidados.

O primeiro diz respeito ao fato de que *os agentes sociais são portadores de relações coletivas*. O que equivale a dizer que indivíduos não atuam apenas como pessoas físicas na linguagem do direito, falando por sua própria conta ou representando a si mesmos, mas atuam também — ou possivelmente — como pessoas jurídicas, agem em nome de grupos, organizações ou até de coletividades inclusivas (sociedades ou a humanidade). Gestores, por exemplo, representam empresas, sindicatos, associações e assim por diante; autoridades representam entidades públicas, governos, nações ou até a ONU.

O segundo cuidado diz respeito à qualificação ética das práticas. Como fazê-lo? Resposta: observando *o bem que foi produzido*. Eis a chave. As pessoas afetadas negativamente, ou os danos eventualmente gerados, são elementos

[12] Vide, do autor, *Casos de Ética [...]. Op. Cit.*, p. 26–28, com suporte nos estudos de Paul Rozin sobre os processos de moralização e de "amoralização" em laboratório: Brandt, A. e Rozin, P. (editores). *Morality and health*. Nova York: Routledge, 1997.

subsidiários nessa definição. Em decorrência, para apreender fatos morais, é preciso indagar sempre, e de forma conjugada, duas coisas. Qual é o tipo de:

1) *Agente que se beneficia* com as decisões tomadas ou as ações empreendidas: um indivíduo, um grupo (ou vários deles), a sociedade ou a humanidade?

2) *Bem que se realiza*: particularista (prejudica outrem) ou universalista (interessa a todos os seres humanos)?

A articulação entre as duas respostas define o *tipo de prática* do ponto de vista ético. Assim:

Agente	Tipo de prática
Indivíduo realiza *bem pessoal* à custa dos outros.	*Egoísta*, abusiva e particularista.
Indivíduo realiza *bem pessoal* sem prejudicar os outros.	*Autointeressada*, consensual e universalista.
Agente realiza *bem grupal* em detrimento dos interesses alheios.	*Parcial*, abusiva e particularista.
Agente realiza *bem grupal* sem prejudicar os outros.	*Altruísta restrita*, consensual e universalista.
Sociedade ou humanidade realiza *bem comum*.	*Altruísta imparcial ou altruísta extremada*, consensual e universalista.

Dessas considerações, decorre que o altruísmo se desdobra em três subtipos:

- O *altruísmo restrito* satisfaz interesses grupais sem prejudicar interesses alheios e realiza bem restrito, consensual e universalista;
- O *altruísmo imparcial* satisfaz interesses sociais à medida que visa produzir bens e serviços essenciais à vida social e realiza bem comum, consensual e universalista; e
- O *altruísmo extremado* satisfaz interesses humanitários à medida que focaliza a humanidade das pessoas, visa ajudar necessitados em situações de emergência e realiza também bem comum, consensual e universalista.

Em resumo:

- O *bem restrito* abrange bem pessoal e bem grupal, porque satisfaz interesses particulares (individuais ou grupais), e tanto pode ser universalista como particularista;

- O *bem comum* abrange bem social e bem humanitário, porque satisfaz interesses gerais (sociais ou humanitários), e só pode ser universalista, uma vez que abarca todos os agentes sociais de uma sociedade dada ou da humanidade como um todo.

Ressalvemos, porém: isso não quer dizer que uma sociedade qualquer não possa ter comportamento xenófobo e persecutório em relação às suas minorias e, eventualmente, a seus vizinhos ou a povos distantes. Pensemos em limpezas étnicas, em segregações de imigrantes ou de estrangeiros, em depurações de dissidentes políticos, em agressões contra seitas religiosas, em guerras de conquista, em dominações colonialistas ou imperialistas. Nesses casos, um grupo majoritário ou um país age de forma parcial e abusiva, convertendo-se em coletividade que satisfaz interesses particularistas.

Convém reter esses instrumentos conceituais, porque têm extrema valia nas análises éticas que faremos a seguir.

> "Nem ao homem mais imparcial do mundo é permitido que se torne juiz em seu próprio caso."
>
> **Blaise Pascal**

3 As teorias éticas científicas

A via régia universalista

As duas teorias éticas – a da convicção e a da responsabilidade – foram originalmente concebidas por Max Weber.[1] Uma releitura de nossa parte reconfigurou essas teorias e as tornou mais complexas e abrangentes, ainda que tenha conservado o essencial do contraponto entre o rigor deontológico (teoria dos deveres ou axiológica) e a racionalidade teleológica (teoria dos fins ou "consequencialista").[2]

A mola mestra da teoria ética da convicção determina que deveres universalistas sejam obedecidos (por exemplo, cuidar da prole). Para tanto, a primeira providência consiste em indagar: será que a ação pretendida condiz com as obrigações? Isso conduz o agente a verificar se há conformidade a prescrições ou a virtudes de caráter necessariamente universalista, vale dizer, que importam a todos os seres humanos.

Por sua vez, a mola mestra da teoria ética da responsabilidade determina que fins universalistas sejam almejados (por exemplo, não desperdiçar

1 WEBER, Max. *Le Savant et le Politique*. Paris: Union Générale d'Éditions, 1959. p. 166–185.

2 Ver do autor, *Ética Empresarial [...]. Op. Cit.*, capítulos 8 e 9, e *Casos de Ética Empresarial [...]. Op. Cit.*, capítulos 8 e 9.

recursos públicos). Para tanto, a primeira providência consiste em indagar: quais são as consequências previsíveis da ação pretendida? Isso conduz o agente a realizar um cálculo racional quanto aos resultados esperados de caráter necessariamente universalista.

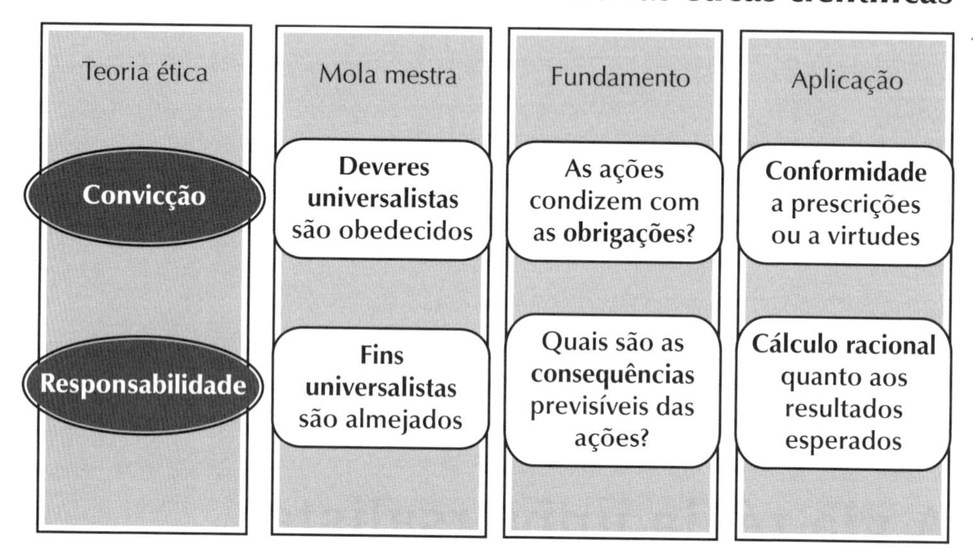

Figura 5

Desde logo, é preciso sublinhar – e nunca deixar de vista – que a análise teórica não é prescritiva, mas tão somente descritiva e indicativa. Serve para qualificar cientificamente tal ou qual decisão, tal ou qual ação, nada mais. Sobra aos agentes a delicada função de fazer as escolhas que atinem com seus próprios interesses. Cabe-lhes deslocar-se da dimensão ética (teórica) à dimensão factual (histórica), transitar do universo do conhecimento (abstrato) ao mundo da prática (concreto). Isso não exclui, naturalmente, a possibilidade de que façam escolhas à margem das duas teorias éticas e adotem racionalizações antiéticas, destinadas a justificar interesses particularistas.

Amparo sem restrições

Durante a Segunda Guerra Mundial, os habitantes da aldeia francesa Le Chambon-sur-Lignon, bem como de algumas aldeias vizinhas, acolheram cerca de 5.000 pessoas perseguidas pelos invasores alemães. Dentre elas, mais de 3.000 judeus, especialmente caçados pelo regime colaboracionista de Vichy (direita tradicionalista sob comando do Marechal Pétain) para serem encaminhados aos campos de concentração.

Liderados pelo pastor protestante André Trocmé, os residentes forjaram documentos de identidade e cartões de racionamento, além de abrigar os refugiados em residências, hotéis, fazendas e escolas. Em alguns casos, ajudaram os desvalidos a atravessar a fronteira para alcançar a Suíça, que se manteve neutra durante a guerra: percorreram 300 quilômetros em plena zona de perigo!

É extraordinário observar que quase 30 mil pessoas participaram dessas ações de salvamento, dados os riscos de defecção e de morte que todos corriam. O milagre tem a ver com um passado peculiar: em sua maioria, os habitantes da região eram protestantes huguenotes (calvinistas) que haviam sido perseguidos pelas autoridades católicas entre os séculos XVI e XVIII e que costumavam dar guarida a irmãos de fé quando não os guiavam através da fronteira suíça.

A memória coletiva de seu sofrimento como minoria religiosa serviu de base a uma campanha de desobediência civil contra os nazistas e seus colaboradores franceses. E o mais notável é que mobilizou pessoas de toda sorte: católicos, quakers americanos, judeus, protestantes suíços, evangélicos, estudantes de várias confissões e pessoas sem fé religiosa.[3]

Fatos morais relevantes	Qualificação
Perseguir minorias.	Práticas parciais.
Socorrer perseguidos políticos (desobediência civil pacífica).	Práticas altruístas extremadas.

Eis aqui um autêntico mutirão altruísta extremado (dedicação a uma boa causa, que focaliza a humanidade das pessoas e que supõe sacrifícios e riscos), pois ninguém perguntava de onde vinham os refugiados nem qual era sua filiação religiosa: todos recebiam refúgio em sua qualidade de seres humanos. Era simplesmente a coisa certa a fazer! Benfeitores surgiam das sombras para ajudar seus semelhantes, imbuídos pelos princípios humanitários da independência, neutralidade e imparcialidade. Séculos de resistência aos perseguidores haviam forjado práticas que se converteram em obrigação universalista – salvar a vida de quem se acha ameaçado.

[3] Disponível em: <http://www.ushmm.org/wlc/en/article.php?ModuleId=10007518>. Acesso em: 8 nov. 2015.

Parece que, testada ao longo do tempo, a análise situacional da teoria ética da responsabilidade foi rotinizada, assumiu as feições dos mandamentos da teoria ética da convicção, ao se converter em padrão normatizado. Assim, graças aos bons resultados alcançados, o mecanismo de coesão e solidariedade, que assegurou a sobrevivência dos huguenotes, ganhou o *status* de "dever coletivo" e passou a ser cumprido com fervor religioso.

Elementos do contraponto teórico

A *teoria ética da convicção* é uma teoria dos deveres universalistas que confronta termos binários, categorias dicotômicas, binômios maniqueístas, unidades irreconciliáveis. Nela, prevalece o rigor das escolhas discretas à semelhança das respostas que se dá a perguntas fechadas: sim ou não, tudo ou nada, bem ou mal, luz ou sombra, retidão ou descaminho. Os que se orientam por ela:

- Aplicam princípios ou ideais às situações concretas, dando curso ao senso do dever;
- Agem segundo padrões já regrados e consagrados, de acordo com imperativos ou mandamentos universalistas, de modo que a ação é fruto de respostas prontas, previamente assimiladas;
- consideram-se obrigados a assumir determinadas posições, embora saibam que, possuidores do livre-arbítrio, desfrutam da liberdade para transgredir as normas estabelecidas;
- Conferem primazia aos procedimentos, sem se importar com as consequências: bastam-lhes os valores universalistas que os inspiram e os meios puros de que se valem;
- Obedecem a uma lógica formal: "Faça o que deve ser feito".

É importantíssimo reiterar que os valores adotados pela teoria da convicção são obrigatoriamente universalistas, quer dizer, atendem aos interesses de todos. Por isso mesmo não valem quaisquer dogmas, princípios ou ideais redentores (os nazistas também tinham), quaisquer tradições seculares ou convenções costumeiras (seitas milenaristas também têm), quaisquer normas codificadas (as máfias também têm). Somente decisões que produzem bens universalistas ou somente práticas consensuais (altruístas e autointeresses) desfrutam de legitimidade ética.

Daí a necessidade de redobrar o cuidado contra a armadilha da justificação moral. Confissões religiosas, ideologias políticas, doutrinas econômicas ou credos empresariais conferem justificações morais cujos valores, frequentemente, são particularistas, quer dizer, tomam a parte pelo todo. Uma vez que práticas abusivas (parciais ou egoístas) favorecem poucos, ou um só agente, em detrimento de muitos – e o fazem em situações que não são extremas como nas escolhas de Sofia –, elas não desfrutam de legitimação ética (cujo caráter é universal), mas podem gozar, sim, de justificação moral (cujo caráter é histórico). Assim, algo pode ser *moralmente* legítimo para certas comunidades (o açoitamento de uma pessoa acusada de blasfêmia, por exemplo) e não ser *eticamente* legítimo (a repressão à liberdade de expressão não interessa a todos os seres humanos).

A *teoria ética da responsabilidade*, por sua vez, é uma teoria dos fins universalistas, que opera com base em uma análise situacional: diagnostica situações concretas, formula soluções possíveis e antecipa as repercussões que as decisões podem provocar. Adota, dentre as opções que se apresentam, a que produz benefícios maiores à coletividade ou a que evita maiores malefícios. Os que se orientam por ela:

- Deliberam em torno de cenários que se baseiam no senso de realidade;
- Agem a partir de uma análise de riscos, segundo um cálculo racional universalista, de modo que a ação é fruto de respostas construídas para alcançar o bem maior ou para evitar o mal maior;
- consideram-se livres para assumir determinadas posições, escorados pela legitimidade ética, embora saibam que serão responsabilizados por isso;
- Medem os custos e benefícios de suas decisões e ações, tomam as devidas precauções e adotam as necessárias salvaguardas, a fim de alcançar resultados que interessem a todos, de modo que, respeitados os direitos humanos da minoria, fins universalistas justificam os meios utilizados;
- Obedecem a uma lógica prática: "Faça o necessário para evitar danos maiores e obtenha efeitos coletivamente benéficos".

Para tomar "decisões responsáveis", é preciso desenvolver uma incessante vigilância, dispor de objetividade e maturidade intelectual, submeter os cenários projetados ao senso crítico, como no "jogo do advogado do diabo". (O jogo consiste em escolher alguém para argumentar contra certo posicionamento, alguém capaz de pôr à prova a validade e a solidez dos argumentos que servem de fundamento à tomada de decisão.) Porque há sempre o perigo de derrapar em racionalizações mistificadoras pretensamente universalistas (nacionalismo, causa popular, defesa dos fracos e oprimidos); há sempre o risco de se encantar com a falácia de tomar a parte pelo todo e de se valer de casuísmos particularistas para dissimular ações antiéticas.[4]

Vamos refletir agora sobre algumas situações angustiantes que exigem nossa intervenção, nos atendo exclusivamente às implicações éticas (sem considerar, portanto, eventuais interditos legais). Procuraremos pensar, assim, à luz da razão ética.

Nesse percurso, notaremos que há algo de trágico nas "decisões responsáveis". É que tanto o mal necessário (para obter o bem maior) quanto o mal menor (para evitar o mal maior) constituem decisões penosas, às vezes dilacerantes, quando implicam sacrifícios, em tese, impensáveis. São decisões eticamente orientadas, no entanto, na justa medida em que objetivam fins universalistas.

Suicídio assistido

Uma pessoa a quem queremos muito sofre as dores insuportáveis de uma doença incurável. Depois de meses de sofrimento, ela implora nosso apoio para que providenciemos a ajuda necessária para que possa morrer em paz, dignamente. Em outras palavras, quer cometer suicídio assistido. O que fazer?

Teoria ética da convicção	Teoria ética da responsabilidade
Recusar-se a cooperar, porque a vida de todo ser humano é sagrada e como tal não pode ser extinta por deliberação de quem quer que seja.	Certificar-se de que o diagnóstico médico é correto e a vontade da pessoa irrevogável.
Esgotar todas as possibilidades de prolongar a vida do paciente (distanásia), interferindo no curso natural das coisas.	Satisfeitas essas premissas, ajudar a pessoa a obter os meios necessários para que tenha uma morte digna, poupando-a de sofrimentos atrozes.

Eis duas respostas que se opõem e que são ambas eticamente orientadas! A bússola, nesse caso dramático, depende do apoio que o paciente poderá angariar (ou não) junto a seus familiares, amigos e profissionais de saúde; depende dos valores que esses partilham e que impactarão seu destino. Ainda que em muitos países a lei não dê guarida à teoria "consequen-

[4] Vide também, do autor, *Casos de Ética Empresarial [...]]. Op. Cit.*, p. 149–151.

cialista", práticas clandestinas são levadas a efeito, em um ato comovente de cumplicidade coletiva.

Em 2014, nos Estados Unidos, a morte podia ser assistida por médicos nos estados de Oregon, Montana, Vermont, Washington e Novo México. A eutanásia, por sua vez, era legal na Holanda, Bélgica, Luxemburgo e Suíça, assim como em Quebec, no Canadá. Diferentemente do suicídio assistido, que consiste em auxiliar uma pessoa a praticar ela mesma o ato, a eutanásia consiste em provocar a morte sem sofrimento do paciente de forma deliberada. Há duas formas de eutanásia: a eutanásia ativa ocorre quando se lança mão de recursos que podem findar com a vida do doente, tais como a injeção letal ou os medicamentos em dose excessiva; a eutanásia passiva (ortotanásia) ocorre quando deixam de ser utilizados os recursos necessários para manter as funções vitais do doente, tais como água, alimentos, fármacos ou cuidados médicos.

Segundo Ed Gogol, presidente da Hemlock de Illinois, uma afiliada independente da Final Exit Network, "um adulto mentalmente competente, mas que padece de doença incurável e de dores insuportáveis, deveria ter o direito de acelerar a própria morte. É eticamente a mais alta forma de compaixão ajudar uma pessoa com um sofrimento intolerável a deixar de viver".

Em outubro de 2014, o caso de uma moça de 29 anos de idade, Brittany Maynard, chamou a atenção dos Estados Unidos. Recebeu em janeiro o diagnóstico de que estava acometida de câncer no cérebro e foi operada. Nesse momento, descobriu-se que o câncer já havia progredido e estava no estágio 4. Foi informada de que só lhe sobravam poucos meses de vida e que a progressão da doença costumava provocar dores atrozes no paciente. Com o intuito de evitar que ela própria sofresse e que seus entes queridos passassem pelo calvário de assistir a sua terrível degradação, Maynard e seu marido decidiram mudar-se para Oregon, onde vige a lei "*Death with Dignity Act*". Maynard obteve então, legalmente, a dose letal de barbitúricos para se suicidar. Escolheu o dia 1º de novembro de 2014 para dar cabo da vida, cercada por sua família e seus amigos íntimos.[5]

No dia aprazado, um domingo, a ONG Compassion & Choices informou que ela morreu em paz, em sua cama, rodeada por seus entes queridos.

[5] STOCKENSTRÖM, Tone. It's About Choice. Activists and leaders gather in Chicago to discuss end-of-life issues. *The Humanist.com*, 9 out. 2014. Disponível em: <http://thehumanist.com/commentary/its-about-choice>. Acesso em: 8 nov. 2015. Para uma discussão sobre o caso, ver KAPLAN, Arthur. Bioethicist: Brittany Maynard's Death Was an Ethical Choice. *NBC News*. Disponível em <http://www.nbcnews.com/health/health-news/bioethicist-brittany-maynards-death-was-ethical-choice-n239966>. Acesso em: 3 nov. 2014.

Acordo de leniência

Uma empresa denuncia o cartel do qual faz parte, celebrando um acordo de leniência, que equivale à delação premiada para pessoas jurídicas. O acordo é de interesse público.

Confessa, em primeira mão, sua participação no ilícito, identifica os demais envolvidos na infração, fornece informações e documentos que comprovam a infração noticiada ou sob investigação, e se compromete a cooperar plena e permanentemente com os órgãos competentes. Desfruta, em contrapartida, da possibilidade de ter sua pena extinta ou amplamente reduzida.

Teoria ética da convicção	Teoria ética da responsabilidade
A empresa decide colaborar, ciente de que contribuirá para o bem comum. Cumpre assim uma obrigação cidadã de caráter universalista. Não leva em conta os efeitos que a decisão terá, pois se gratifica com o próprio bem que faz, independentemente dos resultados que advirão.	A empresa realiza uma análise custo-benefício e percebe que, a despeito das implicações que a "traição" a seus comparsas do cartel acarretar, é de seu interesse minimizar os danos que sofrerá, ao obter a extinção da ação punitiva ou a redução de um a dois terços da penalidade aplicável.

A opção maniqueísta da teoria ética da convicção é escassamente adotada quando questões estratégicas envolvem a própria sobrevivência do negócio — fato empiricamente verificável quando se analisam casos da espécie.[6] Seu uso é comum, contudo, em assuntos que digam respeito às condutas dos funcionários, por ser uma abordagem menos sujeita a controvérsias. Ou em casos que envolvam escolhas entre o bem consensual e o mal consensual, ou entre o bem preferencial e o bem preterido.

O acordo de leniência, ou a delação premiada para pessoas físicas, incomoda os adeptos da teoria ética da convicção, porque pode isentar quem cometeu crime e pode cultivar uma "cultura da delação". Diz o criminalista José Roberto Batochio: "Tenho profunda e invencível aversão à delação. Não entendo que a delação seja um valor a ser cultivado coletivamente e ensinado às futuras gerações, sob pena de construirmos uma sociedade de delatores. Os crimes devem ser investigados e punidos, mas dentro dos

[6] Ver, do autor, *Casos de Ética Empresarial [...]. Op. Cit.*, p. 121–127.

parâmetros da lei, sem ameaças e coações e com respeito ao sagrado direito que todo ser humano tem de ser amplamente defendido".[7]

Em contrapartida, tanto a delação premiada como o acordo de leniência constituem males necessários para a teoria ética da responsabilidade, à medida que supõem redução ou extinção do tamanho das penas de inculpados. Razões? Contribuem decisivamente para elucidar sofisticados esquemas criminosos; propiciam o desmonte de quadrilhas que praticam ilícitos (bem maior); desestabilizam potencialmente as associações criminosas ao introduzir o risco (premiado) da traição por parte de um membro do bando; diminuem os custos do Judiciário abreviando os processos; e, muitas vezes, viabilizam o rápido ressarcimento ao erário dos valores furtados. Eis por que se caracterizam também como práticas altruístas imparciais.

Os êxitos decorrentes do bom uso da delação premiada são incontáveis. Citam-se no Brasil, entre outros, o caso do "petrolão" (2014), do assassinato da missionária Doroty Stang no Pará (2005) e do leite fraudado com soda cáustica em Minas Gerais (2007). Nos países pioneiros, foi essencial para desbaratar poderosas organizações criminosas, tais como a Máfia nos Estados Unidos (década de 1960) e as Brigadas Vermelhas na Itália (década de 1980).

Delação

Em 2009, um funcionário do departamento de informática do banco HSBC em Genebra, Hervé Falciani, levou à Justiça francesa uma lista com 130 mil nomes de clientes que teriam mantido contas secretas na Suíça.

Os suíços acusaram os franceses de roubo. Ocorre que somente três mil franceses incriminados movimentaram entre 4 a 6 bilhões de euros. Da lista constavam, é claro, clientes de várias outras procedências, principalmente da Colômbia e da Itália.

O presidente francês Nicolas Sarkozy apoiou o uso dos dados para combater a evasão fiscal. Afirmou, peremptório: "A luta contra a fraude fiscal é normal e moral. O que vocês pensariam se o ministro do Orçamento tivesse descartado os dados no momento em que os recebeu? Será que teríamos sido parabenizados por não ter respeitado a lei francesa? Eu apoio o ministério na ação contra a fraude".

[7] Citado por BRANT, Ricardo. Justiça nega acesso de estatal a inquérito sobre Abreu e Lima. O *Estado de S. Paulo*, p. A4, 4 nov. 2014.

A Justiça francesa foi duramente criticada pelos banqueiros suíços que se declararam indignados com o uso de informações obtidas de forma ilícita.[8]

Teoria ética da convicção	Teoria ética da responsabilidade
A lealdade que o funcionário deve ao banco (âmbito do bem restrito e dos interesses particulares) deve subordinar-se à lealdade que ele deve ao interesse público (âmbito do bem comum e dos interesses gerais).	A vigência de contas secretas e a colaboração cúmplice do banco configuram um inegável esquema de corrupção, uma vez que interesses particularistas estão se locupletando em detrimento do bem comum.
Ocorre que o furto de dados não pode ser admitido, ainda que seja para combater a corrupção, pois constitui um delito, um "meio impuro". De maneira que o funcionário deveria se abster de cometer tal ação e relatar seu inconformismo à alta direção do banco.	Para promover os interesses gerais é lícito denunciar o conluio. Os fins universalistas justificam o meio a ser utilizado: trata-se de prática altruísta imparcial, uma vez que o combate à corrupção é de interesse geral.

Sem dúvida, o meio utilizado não foi "puro" e a repercussão da notícia alarmou os investidores, que retiraram 3,8 bilhões de dólares do HSBC. Não obstante isso, pergunta-se: a ação do delator se justifica eticamente ou não? De forma similar: as autoridades francesas deveriam ter usado ou não as informações referentes a fraudes fiscais? Afinal, a quem interessou a delação? Resposta: à sociedade francesa como um todo e, por extensão, à comunidade internacional. Por que será? Porque o combate à corrupção é de interesse universal. Tais delitos afetam todos os cidadãos sem exceção, à medida que recursos subtraídos do erário desfalcam programas de interesse público.

Assim, ainda que as informações tenham sido obtidas de forma ilegal, a delação do jovem funcionário do HSBC foi eticamente válida. Um "mal" foi cometido, sem dúvida (apropriação não autorizada de informações confidenciais), mas um mal necessário, à medida que gerou o bem maior (combate à corrupção). Quanto às medidas repressivas sofridas pelos envolvidos em evasão fiscal e pelo banco que os acolheu, nada há a lamentar, pois dizem respeito ao preço que pagam aqueles cujas malfeitorias são flagradas.

Em outros termos, por serem abusivos, os interesses particularistas devem se subordinar ao interesse público. Isso não quer dizer que os interesses particulares sempre devam ser submetidos ao interesse público porque *interesses particulares não são sinônimos de interesses particularistas*, que impli-

[8] CHADE, Jamil. Ex-empregado furta dados de clientes do HSBC. *O Estado de S. Paulo*, 15 dez. 2009.

cam necessariamente abusos cometidos contra outrem. Além do mais, para afastar a tirania do público sobre o privado, existem salvaguardas, pelo menos em países onde vige o estado de direito.[9]

Contaminação ambiental

Um funcionário desiludido da Nike levou a um consultor ambiental do Centro de Recursos e Ação junto a Transnacionais um relatório interno sobre as condições de trabalho nas fábricas do Vietnã. O relatório revelava que o carcinógeno tolueno estava presente no ar das fábricas 177 vezes acima do nível permitido pela Organização Mundial da Saúde e que mais de 75% dos trabalhadores tinham doenças respiratórias. Estes trabalhadores não sabiam que os produtos químicos que usavam na montagem dos tênis eram tóxicos.

A história foi parar na primeira página do The New York Times, em 1997, obrigando a Nike e outros fabricantes de tênis a modificar suas práticas.[10]

Teoria ética da convicção	Teoria ética da responsabilidade
Em defesa da saúde dos trabalhadores vietnamitas a serviço da Nike, o funcionário denunciou a agentes externos (Centro de Recursos e Ação junto a Transnacionais) as perigosas condições de trabalho a que estavam submetidos (altruísmo restrito, bem restrito universalista).	O funcionário decidiu denunciar a agentes externos as perigosas condições de trabalho a que se achavam submetidos os trabalhadores vietnamitas a serviço da Nike e o fez por sua conta e risco.
Cumpriu um dever humanitário.	Sua expectativa era a de que pressões externas pudessem forçar a empresa a tomar providências, uma vez que a divulgação da denúncia desgastaria o capital de reputação da Nike.

Nesta situação particular, as duas teorias convergiram na solução proposta, embora baseadas em orientações diversas de caráter universalista: razão dos deveres *versus* razão dos fins; cumprimento de normas orientadoras *versus* busca de consequências prováveis.

[9] Vide, do autor, *Casos de Ética Empresarial [...]. Op. Cit.*, p. 128–129.

[10] GREENHOUSE, Steven. Nike Shoe Plant in Vietnam Is Called Unsafe for Workers. *New York Times*, 8 nov. 1997. Disponível em: <http://www.mindfully.org/WTO/Nike-Vietnam-Unsafe.htm>. Acesso em: 8 nov. 2015.

Em resposta às pressões, a Nike estabeleceu um código de conduta e promoveu centenas de auditorias nas fábricas terceirizadas.[11] Isso não impediu a empresa de reincidir nos maus-tratos aos empregados. Em 2012, admitiu a exploração de trabalhadores nas fábricas da Indonésia e de outros países asiáticos. Os trabalhadores que recebem um dólar por dia de trabalho se queixaram de ter que realizar serviços de limpeza e de ter que correr em torno das instalações como punição por terem chegado atrasados. A maior queixa, porém, disse respeito aos abusos sexuais que os chefes praticavam, submetendo as trabalhadoras a seus caprichos – 85% dos empregados eram mulheres com a idade média inferior a 23 anos. Mais: muitos empregados eram obrigados a cumprir mais horas de trabalho do que é permitido legalmente e não tinham acesso a cuidados médicos.

Os investigadores da *Global Alliance for Workers and Communities* entrevistaram mais de quatro mil empregados e, diante do estudo, a Nike afirmou peremptoriamente que melhorará de imediato as condições de trabalho em suas fábricas indonésias.[12]

Contador larápio

Um contador foi pego fraudando seu empregador, uma fábrica de artigos de cerâmica. A fraude alcançou o montante de R$100 mil no período de três anos. Quando confrontado com as evidências, confessou a autoria e rogou que o deixassem se demitir. Seu estado era tão lamentável que a diretoria da companhia autorizou sua demissão. Em adendo, prometeu de bom grado que não haveria menção à fraude nas referências que seriam fornecidas a respeito dele.

Essa situação retrata o particularismo de ambas as partes: egoísmo do contador, parcialismo da companhia. Trata-se, pois, de caso de racionalização antiética, à medida que a demissão voluntária foi autorizada sem que houvesse menção à devolução dos recursos subtraídos, nem a outro tipo de sanção, tal como o encaminhamento da ocorrência à polícia. Houve também promessa de que as referências que seriam fornecidas não o desabonariam, o que, de certa forma, incentiva a reedição do malfeito em outras empresas.

---

[11] NISEN, Max. How Nike Solved Its Sweatshop Problem. *Business Insider*, 9 maio 2013. Disponível em: <http://www.businessinsider.com/how-nike-solved-its-sweatshop-problem-2013-5>. Acesso em: 8 nov. 2015.

[12] *Globedia*, 16 mar. 2012. Disponível em: <http://globedia.com/nike-admite-explotacion-trabajadores-plantas-indonesia-paises-asiaticos_1>. Acesso em: 8 nov. 2015.

O teor do acordo, condescendente ou compassivo, permite presumir que a empresa "comprou o silêncio" do contador por ele deter informações comprometedoras a respeito da gestão do negócio. Muito provavelmente a recorrente sonegação de impostos e a existência de caixa dois. Espúria conivência.

Genocídio

Um grupo de famílias armênias, em 1915, estava escondido em porão, porque soldados turcos avançavam em busca de inimigos em sua cidade quase deserta. As famílias mantinham um silêncio sepulcral, enquanto as tropas se aproximavam. De repente, um bebê começou a chorar alto...

O que fazer?

Teoria ética da convicção	Teoria ética da responsabilidade
A vida de todo ser humano é absolutamente preciosa e insubstituível.	O choro da criança poderia causar a morte de dezenas de pessoas, caso não fosse abafado no ato. Diante da urgência e do risco, sufocar o bebê constitui um mal necessário para obter o bem maior, que consiste em tentar salvar as famílias escondidas.
Cabe procurar meios que acalmem a criança, mas jamais matá-la, não importando as consequências.	Não adotar tal providência provocaria a morte de todos e, obviamente, não pouparia a própria criança.

Duas posições contraditórias aqui se confrontam: a primeira, fundada quase religiosamente em princípios, resulta em nobre intransigência; a segunda, pragmática, se inspira na análise de riscos e no cálculo racional. Ambas, porém, repousam obrigatoriamente em pressupostos universalistas: deveres, no primeiro caso (preservar a vida de uma criança é universalista), fins, no segundo caso (não se pode deixar que dezenas de pessoas sejam mortas, incluindo a própria criança). A limpeza étnica procedida pelos turcos alcançou a cifra de 1,5 milhão de armênios, segundo estimativas históricas.

Diante de dilemas morais, a escolha entre esses dois tipos de decisões depende da relação de forças presente: ganha aquela que encontrar maior ressonância junto aos agentes capazes de impor sua vontade. Isso significa que, em última instância, para cortar o nó górdio de um cabo de guerra entre as duas teorias éticas, o desenlace acaba sendo político. Em outras palavras, ao produzirem decisões imperativas, as práticas políticas têm o condão de resolver impasses simbólicos ou econômicos.[13]

Na situação retratada, a criança foi sufocada.

As "escolhas de Sofia"

O caso que acabamos de ver *não é* uma "escolha de Sofia", porque há uma luz no fim do túnel: a morte das famílias poderia ser evitada, se o esconderijo não fosse descoberto. Diante de uma situação evitável, fez-se uma "escolha emergencial" para salvaguardar as famílias ameaçadas. Adota-se o mal necessário para alcançar o bem maior. Nas escolhas de Sofia, diferentemente, as situações são extremas: o bem maior está fora de alcance, não se pode salvar todos ou a maioria; então, opta-se igualmente pelo mal, mas pelo menor deles.

O famoso romance *A Escolha de Sofia*, de William Styron, conta que, durante a Segunda Guerra Mundial, a jovem e bela Sofia Zawistowska, católica, filha de um professor de Direito e mãe de dois filhos, teve o marido e o pai mortos na Polônia invadida pelas tropas alemãs. Depois de ser flagrada traficando carne, foi mandada para o campo de concentração de Auschwitz com os dois filhos. Ocorre que, durante o processo de triagem a que estavam submetidos os recém-chegados – alguns indo para os alojamentos, os demais para as câmaras de gás –, um oficial alemão se encantou com sua beleza. Depois de lhe perguntar se era comunista ou judia, e após ouvir duas trêmulas negativas, disse-lhe sem pestanejar que a achava bonita e que queria dormir com ela. Em compensação, fez-lhe uma proposta misericordiosa: caso Sofia quisesse salvar a vida de uma das crianças, bastava escolher aquela que morreria...

Dilacerada diante de tão hediondo dilema, Sofia balbuciou repetidas vezes que não podia escolher. Simplesmente não podia. Suplicou repetidamente: "Não me faça escolher". Ele, em tom imperativo: "Escolha! Vou mandar ambas para lá!". Diante da negativa, o oficial exasperado deu ordem para que as duas crianças fossem arrancadas dos braços da mãe. Em prantos, aterrorizada, o peito oprimido, Sofia soltou um grito que vinha

[13] A esse respeito, ver, do autor, *Poder, Cultura e Ética [...]. Op. Cit.*, p. 69–87.

das entranhas: "Leve a menina!". Eva de oito anos foi sacrificada para salvar o irmão menor.

Sofia escolheu, excruciada. Decidiu quem viveria e quem não. Seu filho Jan e ela foram salvos da câmara de gás. As demais crianças foram exterminadas.

Se tivesse exercido a teoria da convicção, Sofia recusaria a oferta que lhe fora feita nos seguintes termos: "Não posso escolher, seja o que Deus quiser". Por quê? Porque vidas humanas são inegociáveis. Como lhes definir um preço? Duas valendo mais do que uma? A teoria ética da convicção não tolera especulação alguma a esse respeito.

Ao escolher Jan em vez de Eva, Sofia fez uma análise de riscos (a criança menor precisava mais dela) e optou pelo menor dos males. Eis uma das chaves de decifração da teoria da responsabilidade. A outra chave consiste em escolher o mal necessário para obter o bem maior, como nas campanhas de vacina obrigatória para imunizar a população ou na adição de iodo no sal para evitar o bócio endêmico.

Para alguns, no entanto, ao se tornar refém de uma situação extrema, Sofia não tinha condições efetivas de escolher. Ora, convenhamos, não é preciso sofismar: Sofia fez, sim, uma escolha – a de salvar a vida de um filho e a dela, ainda que fosse servir de escrava sexual; em troca, sacrificou a filha. Refletiu que, na iminência de perder os dois filhos, perderia um só; calculou que cometeria o mal menor para evitar o mal maior. Ademais, imaginou provável que mil outras irmãs de infortúnio seguiriam seu caminho, se a alternativa lhes fosse apresentada. Salvar uma criança da morte certa é um fim universalista, como não?

Um terrível parêntese agora. Quando separatistas chechenos invadiram uma escola em Beslan, Ossétia do Norte (sudoeste da Rússia), no ano de 2004, sequestrando mais de 1.200 pessoas entre crianças, pais e professores, Zalina Dzandarova foi submetida à escolha semelhante com uma dezena de outras mães. Elas foram autorizadas a sair da escola sitiada, desde que escolhessem uma só de suas crianças. As demais ficaram. Muitas foram mortas quando as forças de segurança russas tomaram a escola de assalto para tentar resgatar os reféns. Entre os 366 mortos, 156 eram crianças.[14]

"Escolhas de Sofia" são também as cirurgias invasivas a que tantos pacientes se submetem (mal menor) e as doenças iatrogênicas geradas pelos tratamentos e pelos próprios hospitais (males menores). Porque os pacien-

[14] Murphy, Kim. A escolha de Zalina. *Los Angeles Times*, publicado por *O Estado de S. Paulo*, 4 set. 2004.

tes, mesmo sabendo dos riscos, não abrem mão dos recursos disponíveis para enfrentar os males (maiores) que os acometem. Não recuam enquanto existirem possibilidades reais ou imaginárias de cura.

Em franco contraste com isso, a teoria ética da convicção se recusa a fazer concessões. Fiel a seu caráter absoluto e dogmático, não transige. Vive iluminada pela pureza doutrinária de seus imperativos morais. Inspira obrigações morais, que assumem feições incondicionais, unívocas. Sua máxima é "tudo ou nada". Sua lógica se vê reproduzida na maioria esmagadora dos códigos morais existentes. Qual é seu mecanismo-chave? Apreender categorias opostas, qualitativamente recortadas e indissociavelmente articuladas: bom e mau, certo e errado, culpado e inocente, virtuoso e vicioso, fiel e infiel, amigo e inimigo, vida e morte, heróis e vilões. Orientados por essa teoria, os agentes fazem escolhas entre antinomias, termos contraditórios, dicotomias, polos irreconciliáveis, binômios maniqueístas. O exemplo mais banal consiste em proclamar aos quatro ventos "não existe meia gravidez!". Nesta visão inteiriça, os alicerces do mundo consistem em fundamentos discretos: inexistem meios-termos, zonas cinzentas, matizes.

No tocante a Sofia, por via de consequência, ela não poderia ter transigido com uma vida; Deus é quem decide quanto a isso ou, segundo os ateus, as circunstâncias o fariam — o oficial alemão definiria seu destino. Consumada a escolha, porém, o remorso corroeu a Sofia do romance. Ela carregou sua angústia pela vida afora e acabou se matando com cianureto de potássio. Ao fim e ao cabo, no recôndito de sua consciência, venceu a teoria ética da convicção.[15]

Como tomar decisões éticas?

A teoria ética da convicção move os agentes pelo senso do dever e exacerba o cumprimento de prescrições universalistas. Imperativos de consciência guiam estritamente os comportamentos e a postura é eminentemente retrospectiva, respeitadora de tradições universalistas consagradas.

Em contraste, análises de consequências e fins universalistas moldam e conduzem o processo de decisão na teoria ética da responsabilidade. Assim, não são obrigações tomadas de posição previamente codificadas que impulsionam os movimentos dos agentes sociais, mas um cálculo racional, resultados pretendidos, presumidos e previsíveis. A postura é eminente-

[15] Vide, do autor, *Ética Empresarial [...]. Op. Cit.*, p. 107–108.

mente prospectiva, perscrutando o campo dos possíveis. Diferentemente da teoria ética da convicção que opera com categorias binárias, polares e complementares, assumem-se riscos calculados, age-se com prudência tomando precauções apropriadas, aceitam-se nuanças e meios tons, administram-se incertezas.

Bom exemplo é o dos remédios que são comercializados após exaustivas pesquisas e testes. Apesar das prévias precauções, sua adoção não exige prescrição precisa e dosagem certa? É claro. Por que será? Para diminuir a ocorrência de danos colaterais, minimizar reações adversas no uso de longa duração e assegurar maiores chances de cura do doente. Tais cautelas bastam? Infelizmente não, pois efeitos imprevistos não são improváveis. Outro bom exemplo é o dos empréstimos bancários: só se viabilizam após acurada análise e avaliação das garantias oferecidas pelo futuro tomador. Com quais propósitos? Reduzir os riscos do banco e aumentar as chances de adimplência. Mesmo assim, a inadimplência não é uma possibilidade descartável. Persiste o imponderável.

Convenhamos: não há como escapar de certas incertezas na vida como ela é e a teoria ética da responsabilidade lida com isso sem constrangimentos. Não obstante, sejamos claros: essa teoria corresponde a um realismo escrupuloso e não à *Realpolitik* em seu sentido pejorativo (realismo político destituído de freios morais) e seus fins são invariavelmente universalistas.

Agora, vejamos como se configura o *processo decisório da teoria ética da convicção*. Ele obedece a quatro etapas:

1) Formulação do problema (questão a resolver);

2) Aplicação de convicções universalistas (chave do processo);

3) Identificação dos meios opcionais com a adoção de soluções puras;

4) Tomada de decisão que se conforma a deveres consensualmente reconhecidos.

Processo decisório: teoria ética da convicção

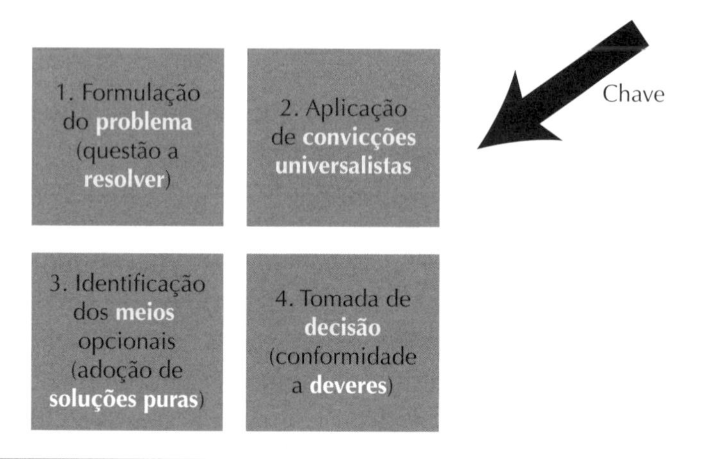

Figura 6

Em outras palavras, em face de um problema que exige posicionamento, faz-se um exame de consciência e tomam-se decisões que correspondem a convicções universalistas previamente estabelecidas. No caso da Sofia do romance, se ela obedecesse à teoria ética da convicção, o processo teria sido assim:

- *Primeira etapa*, questão a resolver: escolher ou não a criança a ser sacrificada?
- *Segunda etapa*: qual convicção poderia nortear os passos em função de seu caráter universalista? Resposta: a vida humana é inegociável;
- *Terceira etapa*: quais meios estavam disponíveis nessa situação extrema? Dois meios se apresentavam: recusar-se a escolher e, neste caso, muito provavelmente as duas crianças morreriam; ou propor heroicamente que os três morressem (ela incluída), o que corresponde, na prática, a não escolher;
- *Quarta etapa*: qual decisão tomar? Definitivamente não escolher e deixar fluir o curso das coisas.

Em contrapartida, o *processo decisório da teoria ética da responsabilidade* se divide em sete etapas. Elas são:

1) Formulação do problema (questão a resolver);

2) Análise das circunstâncias, ou seja, estudo do contexto histórico e avaliação dos fatores condicionantes do evento;

3) Definição dos fins ou dos objetivos universalistas (chave do processo);

4) Identificação dos meios opcionais com a adoção de soluções seguras e eficazes;

5) Análise da relação custo-benefício em busca da eficiência;

6) Análise de riscos com a competente ponderação dos fatores;

7) Tomada de decisão com a adoção de salvaguardas para prevenir imperícias ou injustiças, e escolha do melhor cenário universalista.

Processo decisório: teoria ética da responsabilidade

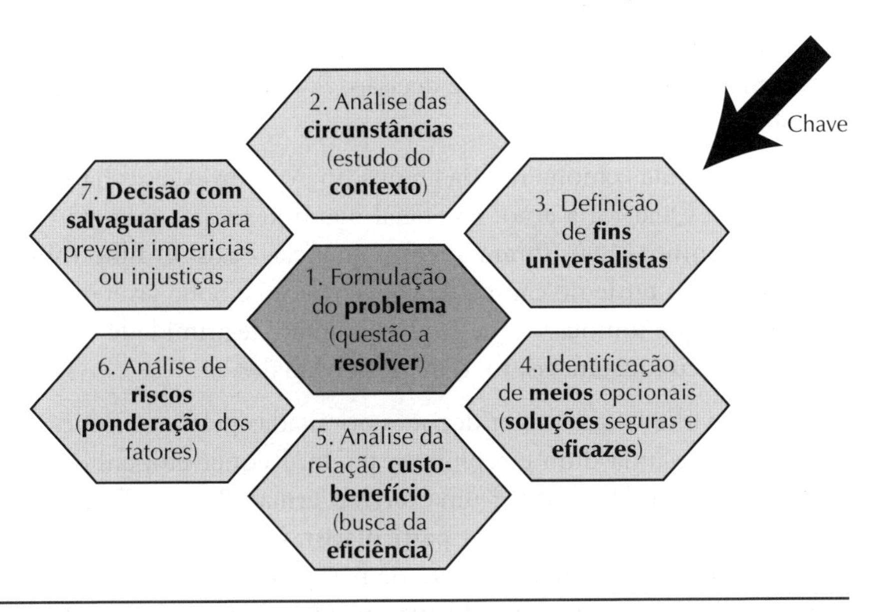

Figura 7

Posteriormente, no processo de implantação da decisão, cabe ainda avaliar sua efetividade, porque: a) as consequências reais ocorrem em um ambiente de incertezas; b) a legitimidade ética depende dos resultados positivos ou da eficácia das salvaguardas que forem acolhidas. Tarefa ingente.

No caso da Sofia do romance:

- *Primeira etapa*: o problema consistia em escolher a criança a ser sacrificada ou, inversamente, aquela que seria salva da morte certa;
- *Segunda etapa*: a análise das circunstâncias permite verificar que: a) as duas crianças tinham forte possibilidade de serem mortas (foram arran-

cadas dos braços de Sofia); b) o oficial alemão se interessou por ela e lhe ofereceu a oportunidade de salvar uma das crianças;

- *Terceira etapa*: a definição dos fins conclui que salvar a vida de uma criança é um fim universalista;
- *Quarta etapa*: a identificação dos meios indica que a escolha é factível, embora dolorosa, pois corresponde ao mal menor diante do mal maior, que seria a morte das duas crianças;
- *Quinta etapa*: na análise da relação custo-benefício, se Sofia cumprir a vontade do oficial, uma criança morre (dano), mas a outra vive (ganho);
- *Sexta etapa*: na análise dos riscos incorridos, os guardas já levaram as duas crianças e, caso o oficial mantenha a palavra dada, Sofia arcará com as consequências da escolha feita, mas, em compensação, terá salvo uma criança da morte;
- *Sétima etapa*: na tomada de decisão, Sofia sacrifica a filha para salvar o filho.

Resta ainda o momento da efetivação do acordo, pois há incertezas no caminho. Qual foi a ação? O oficial mandou levar a menina e lhe devolveu o menino. Quais foram as consequências reais? O filho foi salvo, mas morreu mais tarde no campo de concentração e Sofia viveu torturada com a decisão que tomou. O que conferiu, então, legitimidade ética à decisão? Naquelas circunstâncias, foi o menor dos males.

Fica evidente que tomar decisões orientadas pela teoria ética da responsabilidade é uma dura e espinhosa tarefa. Requer empenho e redobrada atenção, além de esconder uma terrível armadilha – a de confundir fins universalistas com casuísmos particularistas. Esta confusão pode resultar de uma análise deficiente – fruto da não percepção de que os fins têm naturezas diversas –, decorrer do autoengano, ou pior, derivar de deliberada má-fé. Nessas condições, corre-se o risco de se cometer ações abusivas que simulam os argumentos da teoria ética da responsabilidade – por exemplo, apropriar-se de dinheiro público, superfaturando licitações em troca de propinas, e justificar os atos de corrupção, alegando que foram feitos "em nome da causa", "em prol do partido", "pelo bem do povo". Cai-se, então, na racionalização antiética, na mistificação que convém aos oportunistas de diferentes jaezes. O mesmo raciocínio, aliás, se aplica à teoria ética da convicção, quando deveres particularistas são confundidos, ingênua ou deliberadamente, com deveres universalistas.[16]

[16] Vide também, do autor, *Ética Empresarial [...]. Op. Cit.*, p. 112–115.

> "Para que o mal triunfe, basta que os homens de bem nada façam."
>
> **Edmund Burke**

4 Estudo de casos: como fazer?

As teorias éticas comparadas

As duas teorias éticas orientam os processos de escolha, porém segundo modos distintos. Na teoria ética da convicção, o modo é dedutivo: aplicam-se convicções universalistas às situações concretas; faz-se um exame de consciência, como se abríssemos um arquivo em que as respostas, já enunciadas, fossem guardadas. Na teoria ética da responsabilidade, ao inverso, o modo é indutivo: realiza-se uma análise situacional das circunstâncias, sopesa-se a relação custo-benefício e medem-se os riscos das respostas projetadas.

Enquanto na teoria ética da convicção busca-se a exata consonância com deveres universalistas (não se rouba em circunstância alguma, por exemplo), na teoria ética da responsabilidade, busca-se concretizar fins universalistas (legitima-se o furto famélico praticado em estado de necessidade para afastar o risco de morte da população). Para a primeira, espera-se que o agente exercite seu senso do dever, cumpra uma obrigação, respeite normas reconhecidamente universalistas – a postura é retrospectiva ("devo, tenho de, preciso fazer"). Para a segunda, espera-se que o agente exercite seu senso de realidade, seja capaz de gerenciar os riscos que determinadas ações implicam e adote a decisão que produza as melhores consequências possíveis — a postura é prospectiva ("faz sentido, vale a pena, é sensato fazer").

O fato de os agentes sociais aderirem a um curso de ação ou a outro depende naturalmente de sua concepção de mundo ou da ideologia que os inspira. Isso, porém, não significa que, na avaliação de toda situação concreta, os agentes se tornem reféns de uma teoria só. É frequente que lancem mão de uma teoria em um caso e se valham de outra teoria em um caso diferente. Por exemplo, podem deliberar sobre questões políticas à luz da teoria ética da responsabilidade e, no dia a dia profissional, podem abrigar-se sob as asas da teoria ética da convicção. Essa flutuação não implica necessariamente incoerência, embora possa parecer incongruente para uma mente perspicaz. Diante disso, a forma de afastar mal-entendidos passa pela transparência: cabe aos agentes expor os fundamentos de suas decisões, mostrar por que determinadas circunstâncias tornam a "razão dos deveres" mais apropriada do que a "razão dos fins" ou vice-versa. Entretanto, é mais prudente, para quem queira impedir ruídos desnecessários, ater-se a uma única orientação teórica. Para tanto, desdobremos os elementos constitutivos de cada uma das duas teorias éticas.

Na teoria ética da convicção não há aferição dos efeitos a serem gerados. O que há então? Aplicação de convicções, obediência a princípios, respeito àquilo que os valores morais, as normas morais ou os ideais determinam – todos eles, sempre e obrigatoriamente, universalistas. Nessa abordagem, os agentes dispõem de ordenações prévias e explícitas em um movimento que, à primeira vista, independe de um exame completo da situação.

Tomemos o exemplo do aborto. Caso uma mãe por tradição secular, como outras tantas mães, considere o feto uma nova vida, a gravidez não poderia ser interrompida de modo algum. Caso, porém, esteja convencida de que o feto, até a 12ª semana de gestação, é portador de um sistema nervoso tão primitivo que não existe possibilidade de apresentar o mínimo resquício de atividade mental ou de consciência, o abortamento se tornaria uma opção viável. Ambas as posturas, por certo, encontram suporte na razão ética, uma vez que se valem de valores universalistas: sacralidade e inviolabilidade do feto ou da vida humana de um lado *versus* opção para se livrar de um feto desprovido de vida humana de outro, caso a gravidez não for desejável.

Assim, uma vez que as escolhas na teoria da convicção derivam de pressupostos e são dedutivas, elas excluem ponderações ou mensurações. De forma imagística, diríamos que as "decisões convictas" obedecem a uma espécie de receituário já catalogado: basta abrir os fichários e lá estará a resposta.

Quem não compartilha dessa mesma orientação tem a impressão de que tais decisões não são verdadeiras escolhas, uma vez que derivam da conformidade a prescrições. Em termos práticos, porém, não há como deixar de considerá-las escolhas, pois é sempre possível aos agentes recuar ou optar por um caminho alternativo. Isso equivale ao seguinte: ainda que se sintam obrigados a tomar determinadas atitudes, os agentes dispõem da liberdade de não tomá-las.

De maneira diametralmente oposta, e desconsideradas algumas etapas menores, o processo decisório dos adeptos da teoria ética da responsabilidade percorre três grandes estágios. De início, procede-se a um exame minucioso dos fatos e das condições que qualificam a situação; logo após, desenham-se cenários e o mérito de cada qual é apreciado; finalmente, delibera-se. A legitimação das decisões calca-se, assim, em um pensamento analítico que exercita a análise situacional e a de riscos.

Por exemplo, carente de contratos, uma empresa prestadora de serviços entra em crise. O que fazer? Há como preservar os empregos de todos os funcionários, quando a maior despesa mensal reside justamente na folha de pagamentos? Três cenários se apresentam: 1) demitir uma parte do pessoal, tentando equilibrar receitas e despesas; 2) vender o negócio à concorrência; ou 3) fechar o negócio. Dura decisão a tomar.

Ao elaborar e distinguir cenários, os agentes detêm-se em um deles, após avaliar os efeitos previsíveis de sua adoção. As escolhas decorrem de um juízo não codificado, da compreensão do contexto histórico e da antecipação dos impactos que as ações provocarão. São escolhas *ex post*, que derivam de uma cuidadosa investigação. Algumas perguntas são feitas no tocante a cada cenário: quais as vantagens e quais as desvantagens, se for adotado? Quais as possibilidades reais de alcançar os objetivos universalistas? Quais os custos envolvidos? Quais os riscos que se corre? Quem irá se beneficiar com isso e quem sairá prejudicado?

Os agentes levam em conta as circunstâncias e as múltiplas alternativas que se oferecem, verificam quais fins específicos serão alcançados e medem as consequências que daí resultarão. Embora tenham a liberdade de tomar atitudes divergentes, é inescapável a responsabilidade que lhes incumbe pelo que farão. Para os agentes "responsáveis", o mundo não está ordenado como em um breviário, no qual se destaca o mal à contraluz do bem.

Seus posicionamentos não se resumem a escolher entre o bem consensual e o mal consensual, ou entre o bem preferencial e o bem preterido. Pragmáticos na dose certa, estão dispostos a cometer o mal menor para evitar o mal maior ou a praticar o mal necessário para chegar ao bem maior. Enfrentam, assim, dilemas tormentosos, debatem-se com incertezas, lidam com incógnitas ao prenunciar resultados.

Em nosso exemplo, se for viável demitir uma parte do pessoal e ter condições de a empresa operar a contento, teríamos a adoção do mal necessário (demissão) e a consecução do bem maior (sobrevivência do negócio e preservação da maior parte dos empregos). Em compensação, a venda seria o mal menor diante do mal maior, que seria o fechamento da empresa.

Dito de outra forma, os agentes equacionam riscos e não descartam acasos, captam as forças em jogo, imaginam estratégias alternativas, levam em conta o presente e o futuro e nem por isso lhes faltam princípios ou escrúpulos. A saber: o princípio da busca do máximo de bem possível para o maior número possível de pessoas guia a vertente utilitarista da teoria ética da responsabilidade. Por exemplo, expropriam-se prédios de particulares (mal necessário) para a construção de estações de metrô, que viabilizam o transporte de alta capacidade (bem maior); ou autoriza-se a adição de conservantes químicos nos alimentos enlatados (mal necessário) para garantir o prazo de validade dos produtos que abastecem as populações urbanas (bem maior).

Agora, o princípio que guia a vertente da finalidade da teoria ética da responsabilidade (equivalente às situações extremas das "escolhas de Sofia") é o máximo de bem possível para o número objetivamente possível de pessoas – que pode até ser o menor número. Imaginemos dezenas de feridos em um acidente de trem. Quais deles serão evacuados pelas primeiras equipes de socorro que chegam ao local, uma vez que não se pode atender a todos ao mesmo tempo? Seria ou não sensato estabelecer uma sequência ordenada de atendimento com base em critérios objetivos? Certamente que sim. Por exemplo, evacuar, desde logo, os acidentados mais graves (o menor número) e depois os demais (maior número).

Pensando de modo diverso: será que se deve deixar que o socorro ocorra ao acaso, retirando todo e qualquer ferido que se encontre pela frente, pondo em risco a vida dos mais lesionados? Uma evacuação responsável supõe uma triagem prévia, ainda que expedita, porque busca compatibilizar as condições de transporte com o estado clínico dos feridos – faz-se o máximo de bem possível ao menor número (número objetivamente possível de pessoas) por estarmos em uma situação extrema. Desconsidera-se quem protesta por alguma razão que não se encaixe nos critérios objetivos.

A teoria ética da responsabilidade remete a um processo decisório que: a) pretende alcançar metas factíveis; b) prioriza a eficácia dos resultados e, a um só tempo, a eficiência dos meios; c) alia um posicionamento pragmático à postura universalista. De modo que projeta no futuro seus desideratos e se torna, assim, uma teoria dos resultados presumidos. A validade de uma ação encontra-se na bondade dos fins almejados ou na antecipação de consequências benéficas, poupando males à coletividade interessada. Não é uma teoria das boas intenções das quais o inferno está cheio.

Por sua vez, a teoria ética da convicção é uma teoria das certezas e dos imperativos categóricos, das ordenações incondicionais e das mentes perfiladas. Repousa no conforto das respostas acabadas e das verdades absolutas. É uma teoria convencional, disciplinada, formalista e incondicional, que se inspira em "valores eternos" e até em verdades reveladas, desde que universalistas. Lembra de algum modo o misticismo religioso, à medida que as orientações pressupostas são percebidas como sagradas. É uma teoria saturada pela universalidade de sua profissão de fé, mas que, como teoria científica, se sujeita ao crivo da racionalidade universalista.

Em contraste, a teoria ética da responsabilidade é uma teoria das dúvidas ou das interrogações, uma teoria que: a) se subordina ao exame das circunstâncias e dos fatores condicionantes; b) enfrenta a vertigem das controvérsias e o desafio das soluções incertas; c) desemboca em prognósticos. É uma teoria situacional, aberta, cética e condicional, em busca do "horizonte possível" de cada época, moldada pelas análises de risco e precariamente estribada em certezas provisórias, sujeita à dinâmica dos costumes e do conhecimento. É uma teoria saturada pela historicidade de seu projeto, mas necessariamente submetida ao crivo da racionalidade universalista.

Exemplifiquemos essa ideia. Como vimos anteriormente, o reconhecimento dos fatos morais depende de dois fatores: do avanço científico e da mudança dos padrões culturais. Sabemos que o hábito de fumar, poucas décadas atrás, era tido como uma questão de preferência, daí ele ser moralmente neutro. Com as comprovações científicas do mal que causa, o hábito foi moralizado, passou a ser qualificado como moralmente negativo. Isso não significa que o hábito de fumar fosse eticamente legítimo no passado, vez que não era reconhecido como fato moral. Significa que, nos dias atuais, em retrospectiva, temos condições de o condenar do ponto de vista da análise ética.

O assédio sexual e o assédio moral, por sua vez, só foram reconhecidos como moralmente negativos após a mudança dos padrões culturais, decorrentes da entrada maciça de mulheres escolarizadas no mercado de trabalho e, principalmente, graças à inclusão das mulheres no círculo de consideração moral, fato maiúsculo, que o mundo ocidental abraçou, em franco contraste com os fundamentalistas muçulmanos, que mantêm as mulheres, até hoje, em estado de subserviência. Isso não significa que o assédio fosse, antes, eticamente legítimo, nem tampouco que o seria hoje nos países em que ocorre. Já o dissemos anteriormente e vamos enfatizar agora: justificação moral (factual, histórica) não equivale à legitimação ética (científica, teórica).

A teoria ética da convicção imbui-se de princípios universais e atemporais, confortada por sua pureza doutrinária. Inspira os agentes a passar ao largo das implicações que suas decisões acarretam (rejeitar a mentira em quaisquer circunstâncias, por exemplo). A teoria da responsabilidade, diversamente, orienta os agentes a mergulhar na análise dos contextos históricos, das variáveis conjunturais, do fogo cruzado das forças em jogo (mentir generosamente quando vidas estão em jogo, por exemplo) e condena os tomadores de "decisões responsáveis" a responder pelas consequências que provocam.

Em resumo, desenha-se uma polarização entre a teoria ética da convicção, que corresponde a um idealismo purista — dogmático, lírico, dedutivo, maniqueísta, rígido, absoluto —, e a teoria ética da responsabilidade, que corresponde a um realismo pragmático — analítico, calculista, indutivo, pluralista, flexível, relativo. De forma metafórica, a primeira reflete o "reino dos céus", espécie de essência sagrada, mística e transcendental, enquanto a segunda expressa o "reino dos homens", de modo profano, mundano e secular.

Contrapõem-se, assim, conformidade e risco: o critério final da primeira consiste em constatar a fiel consonância entre ações e prescrições preestabelecidas, enquanto o critério final da segunda consiste em verificar a consistência existente entre resultados pretendidos e resultados alcançados.

Recapitulemos. As duas teorias éticas configuram dois modos absolutamente distintos de tomar decisão, dois moldes que permitem discernir e filiar os discursos morais. A teoria ética da convicção conforma seus adeptos a um conjunto de obrigações e, ao mesmo tempo, os fortifica com as certezas que proclama — a vida é sagrada, por exemplo, daí a oposição à eutanásia. A teoria ética da responsabilidade convence seus adeptos com a lógica de suas razões e, ao mesmo tempo, os atordoa com as incertezas que maneja – frente a uma doença incurável e a dores insuportáveis, as pessoas merecem morrer com dignidade, daí a aceitação da eutanásia e do suicídio assistido, não obstante o drama que uma decisão tão melindrosa suscita.

No limite, ao mergulhar nas questões morais, os riscos de derrapar no particularismo são diversos para ambas. Distorcendo a teoria ética da convicção, há sempre rondando o fantasma do fanatismo, com suas caças às bruxas e seus autos de fé. Por exemplo, expurgam-se as comunidades cristãs pela tortura cruel e pela execução pública de hereges que semeiam crenças satânicas (Inquisição) ou se trucidam os infiéis que se opõem à palavra de Alá e à vigência da sharia (jihadismo).

Distorcendo a teoria ética da responsabilidade, há sempre o perigo da conversão do ceticismo em cinismo. Por exemplo, racionaliza-se o arbítrio do Partido (único) ou a onipotência do líder supremo e praticam-se atrocidades para estabelecer a sociedade sem classes (totalitarismo comunista) ou o Reich de Mil Anos (totalitarismo nazista). Em ambos os casos, constatamos a vileza em voltagem máxima.

Nessa altura, um esclarecimento se impõe. Para dizer que a ação se enquadra na teoria ética da convicção, não basta cumprir a lei ou obedecer a uma norma enunciada pela organização na qual se trabalha. É preciso que a lei ou a norma tenha caráter universalista. Porque:

- Uma lei pode servir a interesses particularistas, tal como o direito de greve assegurado a funcionários públicos (ao deixar de prestar serviços essenciais, fere os interesses de todos); ou o direito de recorrer de multa, apesar de sabidamente haver cometido uma infração;
- Uma norma empresarial – escrita ou informal – pode ter caráter particularista, tal como se manter calado ("não se cospe no prato em que se come") diante das fraudes que superiores cometem ou mandam cometer: maquiagem do balanço, desrespeito à regulamentação ambiental, existência de caixa dois, suborno de fiscais, venda de produtos sem nota etc.

Resta ainda uma importante observação a fazer, relativa ao enfoque teórico aqui adotado: não é a subjetividade dos agentes que tem o condão de definir o que obedece a essa ou aquela orientação ética, mas a análise objetiva, baseada na racionalidade universalista. A perspectiva é, portanto, científica. Corresponde ao exercício da razão ética cujos referenciais são a lógica da inclusão e os valores universalistas. Isso sem perder de vista a humanidade, o planeta e as gerações futuras que irão habitá-lo. A saber: tem por norte o universalismo do bem comum ou os legítimos interesses grupais e pessoais que expressam o bem restrito universalista.

Em conclusão, e em definitivo, as leis morais ou os ideais preconizados dos discursos morais que obedecem à teoria ética da convicção devem corresponder a deveres universalistas. De forma simétrica, os fins almejados ou as consequências presumidas dos discursos morais que obedecem à teoria ética da responsabilidade devem corresponder a fins universalistas. Acontece que os padrões culturais partilhados pelas coletividades servem de régua e de esquadro à moralidade histórica e, frequentemente, justificam práticas particularistas. Em contrapartida, a legitimidade ética deriva de uma análise científica, abstrata e formal, que tem por bússola a humanidade e as gerações futuras (o bem comum), sem perder de vista o altruísmo restrito dos grupos ou o autointeresse dos indivíduos (ambos universalistas).[1]

Aplicações práticas

Vamos nos debruçar, agora, sobre casos reais e esmiuçar suas implicações éticas.

Acordo com o Deutsche Bank

Segundo o Ministério Público do Estado de São Paulo, durante sua gestão à testa da Prefeitura de São Paulo (1993–1996), Paulo Maluf desviou recursos públicos das obras da avenida Água Espraiada e do Túnel Ayrton Senna. O MPE investigou e identificou US$33 milhões depositados no Deutsche Bank da Ilha de Jersey.

Para recuperar o dinheiro, a Prefeitura paulistana moveu ação em Jersey, obteve uma sentença judicial favorável e já recuperou cerca de US$10 milhões. O restante depende da conversão das ações da empresa Eucatex – controlada pelos Maluf – em moeda corrente.

Em paralelo, porém, o MPE firmou um acordo com o Deutsche Bank, que se comprometeu a pagar US$20 milhões por ter movimentado valores ilícitos da família Maluf em sua agência na ilha de Jersey. O montante corresponde a vinte vezes o que o banco alemão ganhou nas operações com Maluf (US$1 milhão) e

[1] Ver também, do autor, *Ética Empresarial [...]. Op. Cit.*, p. 128–130.

será apropriado da seguinte maneira: US$18 milhões serão destinados aos cofres públicos do município, que os investirá na construção de creches, US$1,5 milhão para os cofres do Estado, US$200 mil em favor da 4ª Vara da Fazenda Pública, para pagamento de perícias e inspeções judiciais, e US$300 mil serão depositados em favor do Fundo Estadual de Interesses Difusos de São Paulo.

Em compensação, o Ministério Público e a Prefeitura não proporão qualquer ação ou procedimento contra o banco ou suas coligadas.[2]

Fatos morais relevantes	Qualificação
Desvio de verbas em obras durante a gestão de Paulo Maluf na Prefeitura de São Paulo (1993-1996).	Prática parcial.
Acordo entre Deutsche Bank e Ministério Público, prevendo indenização em troca da desistência de qualquer outra ação contra o banco.	Prática altruísta imparcial.

Por que prática parcial? Porque o ex-prefeito muito provavelmente não se locupletou sozinho à custa dos cofres públicos: beneficiou seus comparsas e a própria família.

Quanto ao acordo firmado, foi de interesse público e se efetivou de forma absolutamente transparente. Trata-se de um exemplo de prática altruísta imparcial que obedece à razão ética por ser universalista. Expliquemos. A indenização desembolsada visa a sancionar a conduta do banco (lucro obtido multiplicado por vinte) e a compensar os diversos órgãos envolvidos na investigação e no processo judicial. Além do mais, carreia recursos para a Prefeitura Municipal de São Paulo, que destinou os US$18 milhões recebidos à construção de creches.

A decisão decorre de uma análise de riscos (a possível ação de improbidade que pudesse ser promovida já prescreveu) e se enquadra na teoria ética da responsabilidade, pois optou-se pelo mal necessário (pactuar com um banco que movimentou recursos desviados de obra pública) para obter

[2] MACEDO, Fausto. Justiça homologa acordo de banco alemão no caso Maluf. Deustche Bank vai pagar US$20 milhões por ter movimentado dinheiro de ex-prefeito na Ilha de Jersey. *O Estado de S. Paulo*, 19 out. 2014. Disponível em: <http://politica.estadao.com.br/blogs/fausto-macedo/justia-homologa-acordo-de-banco-alemao-no-caso-maluf/>. Acesso em: 8 nov. 2015, e MACEDO, Fausto. Banco alemão deposita R$52 mi e cumpre acordo no caso Maluf. *O Estado de S.Paulo*, 10 dez. 2014. Disponível em: <http://politica.estadao.com.br/blogs/fausto-macedo/banco-alemao-deposita-r-52-mi-e-cumpre-acordo-no-caso-maluf/>. Acesso em: 8 nov. 2015

o bem maior (a indenização se destina a equipamentos de interesse social e ressarce órgãos públicos).

Segundo a teoria ética da convicção, no entanto, teria sido indispensável se ater rigorosamente à letra da lei e caberia instalar uma ação judicial a qualquer custo — havendo crime, é preciso julgar o fato. A negociação empreendida pelo Ministério Público e homologada pela Justiça não seria aceitável. Tolerância zero com os malfeitos!

Olhando agora do ponto de vista do Deutsche Bank, o acordo é satisfatório, à medida que preserva a organização de um processo desgastante, que aumentaria sobremaneira sua exposição negativa. O acordo implicou também uma análise de riscos: adotou-se o mal menor (pagamento de indenização) para evitar o mal maior (uma ação judicial poria em risco o capital de reputação do banco).

Acordos do gênero não são incomuns e podem ser arrolados à saciedade, à semelhança do caso abaixo envolvendo uma das mais emblemáticas empresas brasileiras.

A Embraer fará acordo?

A fabricante de aviões Embraer estuda fazer um acordo com o Ministério Público Federal (MPF) e a Justiça americana para encerrar as investigações sobre um suposto suborno de US$3,4 milhões para ganhar um contrato na República Dominicana. Nesse tipo de acordo, a empresa não é considerada culpada ou inocente – e, no caso específico da Embraer, isso evitaria que a companhia brasileira fosse proibida de fazer negócios no mercado americano.

Todavia, o MPF denunciou oito executivos da empresa com base nos próprios documentos encaminhados pela Embraer à Justiça americana enquanto cooperava com as investigações.[3]

[3] LETHBRIDGE, Tiago. A Embraer fará acordo?. *EXAME*, ed. 1076, ano 48, n. 20, 29, p. 26 out. 2014.

Fatos morais relevantes	Qualificação
Suborno para obter contrato na República Dominicana.	Prática parcial.
Possível acordo entre a Embraer, o MPF e a Justiça americana mediante pagamento de multa, mas sem reconhecimento de culpa e sem sofrer eventual proibição de negociar no mercado americano.	Prática altruísta imparcial.

Por que prática parcial? Porque os envolvidos na operação foram não só os vários executivos da Embraer, mas a própria Embraer que se beneficiou com o contrato, assim como os intermediários corrompidos.

Naquele momento, restava saber quais os termos do acordo a ser lavrado: quais sanções serão exigidas pelo Ministério Público Federal e de que forma serão assumidas pela Embraer. De qualquer sorte, mais uma vez, trata-se de uma prática altruísta imparcial e da aplicação da teoria ética da responsabilidade, à medida que: a) se navega nas águas da análise situacional e dos riscos calculados; b) o MPF e a Justiça americana estão coibindo práticas parciais de suborno que ferem a livre concorrência.

Para a Embraer, havendo acordo, ela terá escolhido o menor dos males (pagamento de multas substanciais), pois deixaria de ser julgada como culpada ou inocente e, sobretudo, não arriscaria ser proibida de fazer negócios no mercado americano (mal maior).

Para a Justiça americana e o MPF haverá economia de esforços, encerrando mais um caso, e haverá cobrança de compensadora indenização para os cofres públicos. Embora tais iniciativas possam incomodar os adeptos da teoria ética da convicção, não deixam de ser universalistas, ou seja, de ser de interesse geral.

Acordo com a CVM

Em novembro de 2014, a Comissão de Valores Mobiliários (CVM), órgão regulador do mercado de capitais, fechou pela quarta vez (!) um termo de compromisso com o diretor Financeiro e de Relações com Investidores da Petrobras, Almir Barbassa. O executivo era acusado de permitir irregularidades em assembleias de acionistas da Petrobras.

Para suspender a investigação e encerrar o processo, Barbassa pagará R$250 mil destinados a financiar um programa de educação financeira. Ademais, não precisará confessar culpa. Em sete anos, Barbassa desembolsou R$1,75 milhão, entre outras razões por não divulgar fatos relevantes da estatal!

A CVM também assinou acordo de R$500 mil com o BNDES e a BNDESPar – total de R$1 milhão – no mesmo caso. Acusação? A mando da União, que é a controladora da Petrobras, o banco e sua subsidiária participaram de votação reservada aos acionistas minoritários para escolha de membros dos conselhos de administração e fiscal. A manobra impediu a eleição de representantes independentes.

No mesmo caso, e por idênticos motivos, foi multada a Petros em R$800 mil e aplicada a pena de advertência à Previ e à Funcef pelo voto irregular – influência de suas patrocinadoras, Petrobras, Banco do Brasil e Caixa Econômica Federal.[4]

Fatos morais relevantes	Qualificação
Irregularidades diversas cometidas em assembleias de acionistas da Petrobras.	Práticas egoístas ou parciais?
Termos de compromisso que suspendem a investigação e o julgamento na CVM, sem importar em confissão de culpa do executivo acusado, mediante pagamento de multas.	Práticas altruístas imparciais.
Multas ao BNDES, à BNDESPar e à Petros, e advertência à Previ e à Funcef pelo voto irregular.	Práticas altruístas imparciais.

Seriam egoístas as irregularidades cometidas? A resposta seria positiva se o diretor Financeiro e de Relações com Investidores da Petrobras tivesse cometido erros ou omissões por inépcia ou por má-fé, encobrindo seus feitos para não comprometer sua reputação profissional. É lícito presumir, porém, que o executivo tenha assumido solitariamente a culpa para não incriminar a própria Petrobras, que se beneficiou das falhas, notadamente quanto à não divulgação de fatos relevantes: existência de petróleo leve na segunda perfuração do campo de Tupi; possível aumento de capital na Petrobras e valores de investimentos nas refinarias *premium*; divulgação irregular de informações sobre a operação de integração dos ativos da Uni-

[4] DURÃO, Mariana. Diretor da estatal fecha acordo com a CVM para encerrar processo. *O Estado de S. Paulo*, p. B11, 4 nov. 2014.

par e da Petrobras na Região Sudeste. Caso tal encobrimento tenha sido motivado por interesses corporativos ou para viabilizar interesses escusos – presunções plausíveis diante do escândalo do "petrolão" que saqueou os cofres da Petrobras –, estaríamos lidando com práticas parciais.

Aqui entra novamente em cena a teoria ética da responsabilidade por meio de um "termo de compromisso" que cobra indenizações – destinadas a programas de interesse social – e, em contrapartida, suspende investigação e julgamento. Além do mais, não exige confissão de culpa. Trata-se de uma análise de riscos em que, mediante gravames pecuniários, o acusado se livra de punições administrativas por erros cometidos ou omissões prejudiciais ao mercado.

Do ponto de vista da CVM, trata-se de mal necessário para alcançar o bem maior: dar publicidade aos fatos e coibir sua repetição com pesadas multas. São medidas tomadas às claras, segundo protocolo vigente, e visando o interesse público, ou seja, objetivando satisfazer interesses universalistas. O mesmo espírito prevaleceu no tocante às multas aplicadas ao BNDES, à BNDESPar e à Petros, embora aqui possa ter sido acionada a teoria ética da convicção (sanções previamente estabelecidas).

A propaganda de alimentos

Em junho de 2010, a Agência Nacional de Vigilância Sanitária (Anvisa) publicou uma resolução estabelecendo novas regras para a publicidade e a promoção de bebidas com baixo teor nutricional e de alimentos com elevadas quantidades de açúcar, de gordura saturada, de gordura trans e de sódio. O intuito explícito era proteger os consumidores contra a omissão de informações que pudessem pôr em risco a saúde pública e também pudessem induzir ao consumo excessivo.

Foram proibidos os símbolos, figuras ou desenhos que possam causar interpretação falsa, erro ou confusão quanto à origem, qualidade e composição dos alimentos. O mesmo interdito se estendeu a características nutricionais que o produto não possui: por exemplo, ser um produto completo, ou ser garantia de boa saúde. Exigiram-se também alertas específicos sobre os perigos do consumo excessivo de açúcar, gordura saturada, gordura trans e sódio.

Quaisquer agentes que não cumprirem as novas normas poderão sofrer sanções que vão de notificação à interdição e multas entre R$2 mil e R$1,5 milhão.[5]

Fatos morais relevantes	Qualificação
Práticas que omitem informações ou induzem ao consumo excessivo de certos alimentos e bebidas.	Práticas parciais.
A Anvisa estabelece novas regras para a publicidade e a promoção comercial de bebidas com baixo teor nutricional e de alimentos com elevadas quantidades de açúcar, de gordura saturada, de gordura trans e de sódio.	Prática altruísta imparcial.

A missão da Agência Nacional de Vigilância Sanitária é: "Proteger e promover a saúde da população, garantindo a segurança sanitária de produtos e serviços e participando da construção de seu acesso". Eis por que está autorizada a exigir alertas na publicidade e na promoção comercial de alimentos com alto teor de sal, açúcar e gordura, cujo consumo excessivo pode ter efeitos perniciosos sobre a saúde dos consumidores. Não há por que reclamar da interferência do Estado nessa área (exigência de informações e alertas pertinentes), já que interesses universalistas estão sendo perseguidos sem restringir o acesso aos alimentos em causa – respeita-se, assim, a liberdade de escolha dos cidadãos.

A iniciativa da Anvisa, altruísta imparcial, enquadra-se tanto na teoria ética da convicção (preocupações legítimas com o bem-estar da população, sobretudo infantil, e conformidade a deveres socialmente reconhecidos e de caráter universalista), quanto na teoria ética da responsabilidade (análise da situação e prevenção universalista de efeitos nocivos, graças aos alertas de cautela a serem divulgados). Em ambas as abordagens se escolhe o bem em relação ao mal.

Vejamos outro caso, ainda no campo da propaganda. Para conquistar clientes exigentes, as empresas contam histórias cada vez mais rebuscadas sobre a origem e a fabricação de seus produtos. O problema é que elas nem sempre são verdadeiras.

[5] FORMENTI, Lígia. Propaganda de alimentos com alto teor de sal, açúcar e gordura terá alerta. *O Estado de S. Paulo,* 30 jun. 2010. Disponível em: <http://www.estadao.com.br/noticias/geral,propaganda-de-alimentos-com--alto-teor-de-sal-acucar-e-gordura-tera-alerta-imp-,574006>. Acesso em: 9 nov. 2015.

Marketing ou mentira?

Para se diferenciar da concorrência em um mercado altamente competitivo, as empresas lançam mão de técnicas cada mais criativas. Uma das últimas é a do storytelling. Trata-se de contar uma história que encante os clientes.

A Fiji Water, norte-americana, anuncia que extrai água mineral de uma cratera vulcânica no arquipélago de Fiji, no Pacífico. Propala que financia a construção de escolas e de hospitais para ajudar a população local. E sentencia: água faz bem à saúde e a água de Fiji é "única". Os consumidores compram a história (verdadeira, ainda que edulcorada), e pagam o dobro da concorrência sem se importar com o dano ambiental causado pelo transporte da água por milhares de quilômetros... Gol de placa.

Dezenas de destilarias de uísque norte-americanas, recentemente criadas, se declaravam artesanais e alardeavam que suas bebidas eram envelhecidas por um período de 15 anos. Por meio de qual mágica? Muita gente ficou com a pulga atrás da orelha. Finalmente, uma reportagem desmascarou o embuste: mais de quarenta marcas compravam uísque de um mesmo fornecedor, a fábrica MGP, uma das maiores do país! Flagrante desonestidade.

O presidente da Abercrombie & Fitch (tradicional varejista de roupas para jovens descolados) inventou uma história rebuscada para criar a marca Hollister no ano de 2000. Contou que a Hollister fora criada em 1922 por um filho de banqueiro que se formou na Universidade de Yale, trabalhou em uma plantação de borracha na Indonésia e casou com uma jovem local. Em seu retorno aos EUA, admirador que era do artesanato das ilhas do Pacífico, abriu uma galeria para vender os trabalhos que importava. Foi quando seu filho, um exímio surfista, decidiu transformar a galeria em loja de roupas inspiradas pelo surfe. Tudo cascata.

No Brasil, um caso ficou famoso – o do fabricante de sorvetes Diletto. Seu fundador, Leandro Scabin, inspirou-se nos picolés do avô Vittorio, sorveteiro da região de Vêneto, que usava frutas frescas e neve nas receitas. O retrato do nonno Vittorio e a foto do carro usado para vender sorvetes enfeitam as embalagens da Dilleto. "La felicità è un gelato", dizia o avô. E o apelo emplacou. Só que era tudo lorota! A única verdade eram os ingredientes nobres como os pistaches colhidos na Sicília, as framboesas orgânicas da Patagônia, o coco da Malásia e o cacau do Togo. Meno male!

"A empresa não teria crescido tanto sem a história do avô e o conceito visual que construímos. Como eu convenceria o cliente a pagar oito reais num picolé desconhecido?", disse Leandro Scabin. Por sua vez, o publicitário Washington Olivetto, que ajudou na criação da Diletto, sentenciou: "Um lindo produto merece uma linda história. (...) Se a história for verdadeira, tanto melhor".[6]

Sendo publicidade enganosa, o que temos aí? Racionalizações antiéticas, visando lograr a boa-fé dos clientes com o claro intuito de satisfazer interesses particularistas. A Disney vende contos de fadas, mas não induz ninguém ao erro: proclama, aos quatro ventos, que são fantasias infantis.

Os casos acima foram vistos por muitos como uma empulhação, especialmente quando as empresas cobram mais com base na história fantasiosa que divulgam. Na polêmica que se seguiu, a publicidade negativa afetou parte dos clientes, que deixou de comprar os produtos.

O Conar (Conselho de Autorregulamentação Publicitária) julgou o caso da Diletto em dezembro de 2014 e recomendou que a peça publicitária fosse modificada, explicitando que o personagem do vovô não era real. A Diletto, em resposta, disse que acatou o julgamento e retirou o link sobre a história da marca em seu site.[7]

Fatos morais relevantes	Qualificação
Histórias fantasiosas induzem os consumidores ao erro.	Práticas parciais.
Recomendações do Conar para modificar as peças publicitárias.	Prática altruísta imparcial.

A Walmart na berlinda

Em abril de 2012, um artigo publicado no The New York Times relatou que a varejista Walmart soube, em 2005, que sua operação no México subornava autoridades para poder multiplicar suas lojas. Isso viola a "Lei de Práticas de Corrupção no Exterior" norte-americana e os executivos da matriz empreenderam uma investigação interna.

[6] LEAL, Ana Luiza. Marketing ou mentira? *EXAME*, p. 63–66, 29 out. 2014.

[7] SCHELLER, Fernando. O discreto funeral do vovô fictício da Diletto. *O Estado de S. Paulo*, São Paulo, p. B14, 12 jan. 2015.

Acontece que a Walmart só alertou em 2011 os funcionários do Departamento de Justiça e da SEC (Securities and Exchange Commission), a comissão de valores mobiliários dos Estados Unidos.[8]

Após a reportagem do The New York Times, a Walmart sofreu uma perda de US$10 bilhões em valor de mercado. Para investigar as fraudes ocorridas e implementar seu programa de *compliance*, gastou ainda US$439 milhões no período de dois anos. Alguns dos executivos envolvidos no escândalo saíram em surdina da empresa.[9] Assim, para esmiuçar um pouco mais o caso, vejamos o que diz outra reportagem.

Ainda de acordo com o jornal The New York Times, de cada cinco lojas da Walmart no mundo, uma está no México. Tal feito se deve ao fato de que executivos da companhia teriam distribuído US$24 milhões em propinas a centenas de prefeitos e funcionários públicos mexicanos em troca da obtenção de licenças para a construção de lojas. Quem deu o aval? Nada menos que o vice-presidente do conselho global da Walmart, à frente da operação mexicana até 2005.

É interessante saber que, entre 2008 e 2011, o Departamento de Justiça dos Estados Unidos aplicou multas estimadas em US$2,5 bilhões a companhias e executivos por violações da lei anticorrupção. Ora, acusações da espécie afetam gravemente a imagem global das empresas. O gigante varejista Walmart (faturamento anual da ordem de centenas de bilhões de dólares) não foi exceção.[10]

Fatos morais relevantes	Qualificação
Executivos da companhia no México teriam distribuído US$24 milhões em propinas a centenas de prefeitos e funcionários públicos em troca da obtenção de licenças para a construção de lojas na última década.	Práticas parciais.

[8] BUSTILLO, Miguel. Escândalo de propinas no México pode custar caro à Walmart. *The Wall Street Journal*, 23 abr. 2012. Disponível em: <http://br.wsj.com/articles/SB10001424052702303459004577361784045859076>. Acesso em: 9 nov. 2015.

[9] HARRIS, Elizabeth A. After Bribery Scandal, High-Level Departures at Walmart. *The New York Times*, 4 jun. 2014. Disponível em: <http://www.nytimes.com/2014/06/05/business/after-walmart-bribery-scandals-a-pattern-of--quiet-departures.html>. Acesso em: 9 nov. 2015.

[10] SEGALA, Mariana; MANECHINI, Guilherme. O Walmart na berlinda. *EXAME.com*, 26 abr. 2015. Disponível em: <http://exame.abril.com.br/revista-exame/noticias/o-walmart-na-berlinda>. Acesso em: 9 nov. 2015.

Fatos morais relevantes	Qualificação
A Walmart revelou à SEC e ao Departamento de Justiça que estava realizando uma investigação interna sobre uma possível violação da "Lei de Práticas de Corrupção no Exterior".	Prática altruísta restrita.
Sanções a serem adotadas pela SEC contra executivos responsáveis pelas fraudes.	Práticas altruístas imparciais.

Como caracterizar cientificamente essa situação? Não há dúvida de que os executivos da Walmart no México "dançaram conforme a música" e aceitaram subornar autoridades como é praxe no país. Adotaram, pois, práticas parcialistas. Durante anos, seus superiores nos EUA lhes deram cobertura, mancomunados com os malfeitos. O que motivou esses gestores? A ânsia de satisfazer interesses particularistas – cumprir metas, ganhar espaço no mercado, engordar os próprios bônus –, lançando mão de todos os expedientes que estivessem ao alcance.

O Departamento de Justiça norte-americano e a SEC (*Securities and Exchange Commission*) deverão certamente sancionar a empresa e os executivos responsáveis pelas fraudes – aplicando os rigores da lei e atuando de forma altruísta imparcial.

O que salva em parte a Walmart é que houve uma autodenúncia em 2011, quando a companhia revelou à SEC que estava realizando uma investigação interna sobre uma possível violação da "Lei de Práticas de Corrupção no Exterior". Isso lhe facultou obter uma autorização por parte das autoridades federais para fazer uma investigação por conta própria com a ajuda de peritos externos.

Ciente da gravidade do caso, os altos gestores da Walmart devem ter feito uma análise de risco e optado por se antecipar. Ou seja, revelar espontaneamente os fatos incriminadores (mal menor) antes que piores estragos adviessem de uma investigação promovida pela Justiça com repercussão na mídia (mal maior). Seguiram os parâmetros da teoria ética da responsabilidade. Se não, vejamos: realizaram uma investigação interna, assumiram os prejuízos possíveis a seu capital de reputação em uma análise custo-benefício e procuraram revisar suas normas para se conformar à lei anticorrupção.

Por parte das autoridades norte-americanas, está claro que algumas sanções deverão ser adotadas tão logo todas as implicações forem reveladas, pois não basta à Walmart dar sinais de boa vontade para se isentar de culpa. À semelhança do futebol, cometida uma infração, a teoria ética da responsabilidade avalia se cabe aplicar falta simples, cartão amarelo ou cartão vermelho. De qualquer modo, exigências com prazos determinados são impostas e se criam mecanismos de monitoramento.

Dentre os desafios que ameaçam a longevidade de uma empresa, um dos mais críticos é a dúvida que pode repontar quanto à legitimidade do negócio. O símbolo maior desse desafio é a indústria do cigarro. Vejamos um caso interessante a esse respeito.

O risco de banimento

O site da Souza Cruz adverte que "a única maneira de evitar os riscos à saúde associados ao ato de fumar é não fumar e a melhor forma de diminuir esses riscos é parar de fumar" (sic!).[11]

Hoje, pelo menos dois fatores assombram o setor tabagista no Brasil: a entrada de produtos ilegais e as campanhas antitabagistas. Mas, para o presidente da Souza Cruz, Dante Letti, a ilegalidade de cigarros é muito mais prejudicial para as companhias do setor, porque: "ela tira nosso mercado e não temos como competir, pois os preços são muito inferiores. Já as campanhas, que alertam sobre os riscos do cigarro, acabam afetando todos os players desse mercado". Hoje, os cigarros irregulares detêm quase 30% de participação.

Pondera ainda o presidente: "Existe uma pressão pelo banimento de nosso negócio. Mas acabar com a indústria legalizada seria deixar os consumidores na mão de produtores ilegais".[12]

Fatos morais relevantes	Qualificação
Produção legal ou ilegal de cigarros gera riscos à saúde dos consumidores.	Práticas parciais.
Legalidade da produção tabagista mediante regulação e taxação do mercado pelo poder público.	Práticas altruístas imparciais.

[11] Disponível em: <http://www.souzacruz.com.br/group/sites/sou_7uvf24.nsf/vwPagesWebLive/DO7V4KZ7?opendocument&SKN=1>. Acesso em: 9 nov. 2015.

[12] BARBOSA, Daniela. Ilegalidade é pior que campanha antitabagista, diz Souza Cruz. *EXAME*, 7 jul. 2011.

Em uma abordagem superficial, estamos aparentemente diante de uma típica análise situacional: dos males o menor e obediência à razão ética. A leitura da empresa, porém, não corresponde necessariamente aos interesses gerais, ao bem comum. Parece mais uma tática diversionista ou um biombo destinado a esconder a cena do crime. Se não, vejamos.

A empresa assume os riscos que o tabaco embute e alerta reiteradamente os consumidores a respeito. Diz com todas as letras em seu site: "A Souza Cruz acredita que a decisão de fumar (ou não) é uma questão de escolha e deve ser tomada por adultos conscientes dos riscos à saúde associados". Bravo! Todavia, quais os propósitos desse rasgo de sinceridade que os consumidores, penhorados, agradecem? Reconhecer o óbvio, depois de décadas de campanhas acirradas contra todos aqueles que denunciavam os males do cigarro e, a um só tempo, resguardar-se diante de eventuais processos legais requerendo indenizações. Em última análise, visa angariar a simpatia da população, valendo-se do apelo ao "direito de escolha" e à decisão informada e consciente dos consumidores.

Na perspectiva da sociedade inclusiva, porém, embora legal (e faz todo o sentido que o seja), o fumo é prejudicial à saúde pública. Assim, os argumentos da empresa, embora verdadeiros, não passam de racionalizações antiéticas. É também verdade, porém, que o banimento da indústria legalizada não seria de interesse geral, pois é melhor o poder público taxar e regular o mercado tabagista, assim como o das bebidas alcoólicas ou o das armas de fogo, do que deixá-los entregue a gangues mafiosas.

Fumar no carro

A Inglaterra aprovou uma lei que proíbe o uso do cigarro dentro de carros com crianças. Legislações semelhantes já existem no País de Gales, Bahrein, África do Sul e em partes da Austrália, EUA e Canadá. Com qual propósito? Prevenir os efeitos nocivos do fumo passivo sobre menores de 18 anos. Quem desobedecer poderá ser multado.

Alguns acham que a lei também terá uma consequência benéfica sobre os mais jovens: a de dissociar o hábito de guiar do ato de fumar.[13]

[13] BOUER, Jairo. Carro com criança e sem cigarro. *O Estado de S. Paulo*, p. A18, 15 fev. 2015.

Fatos morais relevantes	Qualificação
Fumar no carro com criança.	Prática egoísta.
Proibição de fumar no carro com criança.	Prática altruísta imparcial.

A associação do cigarro a dezenas de doenças foi mais do que comprovada cientificamente por inúmeras pesquisas. E seus efeitos nocivos sobre os fumantes passivos também foram estabelecidos. De modo que a iniciativa pública de proibir o ato de fumar em veículos com a presença de crianças menores de 18 anos é de interesse geral. A normatização, por sua vez, decorre de análise situacional (teoria ética da responsabilidade).

Ordem abusiva

Heather era vice-presidente da Korean Air e filha do presidente da companhia. Uma vez que era responsável pelo serviço prestado nos voos, irritou-se com os comissários de bordo da primeira classe, porque lhe ofereceram uma porção de noz de macadâmia em um saquinho, em vez de servir o petisco em um prato. No ato, ordenou a expulsão do comissário-chefe da aeronave. Ora, isso forçou o avião a retornar ao portão de embarque com seus 250 passageiros a bordo, embora estivesse prestes a decolar do Aeroporto Internacional John F. Kennedy, em Nova York. A manobra causou um atraso de vinte minutos ao voo. E repercutiu de forma muita negativa na imprensa sul-coreana.

A atitude de Heather foi considerada por muitos como abusiva e arrogante. E o próprio governo coreano decidiu abrir uma investigação sobre o caso, visando saber se houve quebra de alguma regra de segurança da aviação ao fazer o avião retornar ao portão.

Muito compungido, o presidente da companhia e pai de Heather desculpou-se publicamente pelo comportamento da filha e declarou que ela será afastada dos cargos ocupados na companhia aérea e nas demais empresas (hotéis e filiais do conglomerado). Ademais, a própria Heather se comprometeu a pedir pessoalmente desculpas aos comissários.[14]

---

[14] Agências internacionais. Aérea se desculpa por filha de sócio. *O Estado de S. Paulo*, p. B14, 13 dez. 2014.

Fatos morais relevantes	Qualificação
A vice-presidente da Korean Air ordenou a expulsão do comissário-chefe de um avião, que tinha 250 passageiros a bordo: a suspensão da decolagem e o retorno ao portão de embarque atrasaram a viagem em vinte minutos.	Prática egoísta.
O presidente pede desculpas públicas e anuncia que a filha perderá todos os cargos na companhia aérea e em outras empresas da família.	Práticas altruístas restritas.

O desrespeito aos funcionários e, sobretudo, aos passageiros, motivou as drásticas medidas adotadas pelo pai de Heather e presidente da companhia. Se não tivesse tomado tais providências, e mesmo sem considerar as possíveis repercussões que os resultados da investigação governamental poderão provocar, as críticas na imprensa poderiam se avolumar, afetando duramente o capital de reputação da companhia e pondo em risco a saúde financeira do negócio.

Ou seja: o presidente lançou mão da análise situacional e adotou a teoria ética da responsabilidade com sanções punitivas (menor dos males) para evitar o mal maior que seria causado se houvesse leniência diante do fato. Tomou a dianteira, pediu pessoal e formalmente desculpas e demitiu a filha não só da vice-presidência da Korean Air (maior empresa aérea da Coreia do Sul), mas de todos os cargos ocupados por ela nas demais empresas do conglomerado.

Todavia, se existisse norma regulamentadora a respeito de casos da espécie na companhia aérea, a orientação que o presidente seguiu poderia ser interpretada como tolerância zero, obedecendo à risca a teoria ética da convicção. A saber: cometida uma transgressão, ainda que por parte de alguém do alto escalão – um excesso que atrasa o tempo de voo e prejudica os interesses dos passageiros (público de interesse estratégico) –, tomam-se medidas exemplares.

Assédio moral

O Ministério Público do Trabalho, de São Paulo, e a Samsung, fabricante de eletrônicos, firmaram um Termo de Ajustamento de Conduta (TAC), em dezembro de 2014, cujo propósito era evitar ações de assédio moral na companhia.

Com efeito, denúncias recebidas em 2013 versavam sobre metas abusivas, jornadas excessivas, punições, xingamentos e discriminações variadas contra colaboradores tachados de "preguiçosos", "burros" ou "gordinhos".

Por meio do TAC, a Samsung se comprometeu a desembolsar R$10 milhões por dano moral coletivo: R$5 milhões a serem doados a instituições de caridade e R$5 milhões a serem gastos em uma campanha pública contra o assédio moral. De resto, a companhia se comprometeu a coibir todas as condutas "abusivas, intimidadoras, desrespeitosas e discriminatórias" entre membros de sua equipe. Ficou também de apresentar ao MPT todas as denúncias de assédio recebidas internamente, bem como as medidas adotadas para corrigí-las.[15]

Fatos morais relevantes	Qualificação
Condutas variadas de assédio moral praticado contra os funcionários.	Práticas parciais.
Multa e obrigação de veicular uma campanha pública contra o assédio moral.	Práticas altruístas imparciais.

As condutas dos gestores (castigos e xingamentos públicos de colaboradores, além da recorrente discriminação) são parciais e abusivas, à medida que constituíram cobranças de metas inviáveis e jornadas de trabalho excessivas que, em tese, cumprem objetivos que beneficiam a companhia. Ocorre que a natureza desses padrões de comportamento é autoritária e seus efeitos comprometem a cultura organizacional, além de denegrir a imagem da companhia aos olhos de seus públicos de interesse.

O Ministério Público do Trabalho tomou medidas regulamentares (teoria ética da convicção) para coibir os excessos e prevenir futuros abusos em obediência ao interesse público ou ao bem comum.

[15] MELO, Luísa. Samsung Brasil terá de pagar R$10 milhões por assédio moral. *EXAME.com*, 11 mar. 2015. Disponível em: <http://exame.abril.com.br/negocios/noticias/samsung-brasil-e-multada-em-r-10-milhoes-por-assedio-moral>. Acesso em: 9 nov. 2015.

Energia alternativa

O Rockefeller Brothers Fund, organização filantrópica pertencente à família Rockfeller, aderiu à onda de desinvestimentos recentemente inaugurada por algumas universidades. De qual movimento se trata? Vender participações em empresas de combustíveis fósseis (petróleo, carvão) e investir em alternativas menos poluentes. Curiosidade: a lendária fortuna dos Rockfellers adveio do petróleo.

É bem verdade que a iniciativa não mobilizou até agora senão algumas centenas de ricos investidores individuais e umas 180 instituições religiosas e filantrópicas, fundos de pensão e governos locais. Mas ainda não é o bastante para afetar o valor de mercado das companhias petrolíferas.

Mesmo assim, as motivações dessa guinada ideológica merecem consideração. Para algumas organizações, trata-se de harmonizar ativos e princípios ambientalistas. Para outras, cabe desacreditar as companhias que contribuem para o aquecimento global. Para outras, ainda, tendo em vista as mudanças climáticas, regulamentações mais restritivas se impõem para desestimular a extração de combustíveis fósseis. E, finalmente, para investidores mais ativistas, a campanha de desinvestimento – a exemplo da campanha contra o apartheid nos anos 1980 – vai contribuir não só para o debate internacional em torno da "economia do carbono", que nos conduziu ao atual estado de degradação do meio ambiente, mas para injetar recursos nas empresas que se dedicam a desenvolver energias alternativas.[16]

Fatos morais relevantes	Qualificação
Investimento em companhias de combustíveis fósseis.	Prática parcial.
Redirecionamento de investimentos aplicados em energias fósseis para energias alternativas.	Prática altruísta imparcial.

As preocupações com o meio ambiente transcendem, sem dúvida, a problemática da lucratividade, uma vez que a pegada ecológica está pondo em xeque as condições de habitabilidade humana do planeta: já em 2010 estávamos consumindo 50% a mais dos recursos naturais que a Terra é capaz de gerar.

[16] SCHWART, John. Rockfellers apostam em energia alternativa. *The New York Times/O Estado de S. Paulo*, 23 set. 2014. Disponível em: <http://economia.estadao.com.br/noticias/geral,rockefellers-apostam-em-energia-alternativa--imp-,1564531>. Acesso em: 9 nov. 2015.

Alguns investidores demonstram a adesão a valores universalistas com o redirecionamento de seus investimentos, tal como a preservação do meio ambiente e o combate ao aquecimento global ou ao efeito estufa — valores que se consolidaram e adquiriram o estatuto de cidadania nos tempos atuais. Filiam-se, portanto, à teoria ética da convicção. Outros investidores assumem uma posição "consequencialista", a partir de uma análise de riscos (teoria ética da responsabilidade) que leva em conta: 1) o descrédito das companhias que concorrem para o aquecimento global; 2) a possibilidade de haver novas regulamentações e novas tecnologias que tornarão mais arriscados os investimentos em combustíveis fósseis; 3) o estímulo ao debate internacional contra o uso desses combustíveis; 4) a contribuição para o desenvolvimento de energias alternativas em direção a uma sociedade de baixo carbono. Assim, a despeito da natureza estritamente empresarial de algumas dessas razões, o fato de colaborar para a construção de uma sociedade sustentável é universalista.

Em ambas as situações, a iniciativa de redirecionar investimentos assume caráter altruísta imparcial, embora alguns investidores, a exemplo dos Rockefellers, o façam sob a égide de um fundo de caráter filantrópico. Suas ações, no entanto, não correspondem, estrito senso, a práticas altruístas extremadas, porque não supõem sacrifícios em prol da humanidade nem implicam doações sem expectativa de retorno financeiro.

Comida de laboratório

Já comeu Chicken-Free Strips (tiras sem frango)? São cerca de vinte pedaços de um produto que parece frango, tem textura de frango e sabor de frango, mas não é frango! A companhia Beyond Meat, da Califórnia, aposta em proteínas vegetais. O processo de produção desse "frango" consiste em rearranjar proteínas de legumes (soja, ervilha, cenoura etc.) para que o alimento final tenha a aparência e a textura de um produto animal. Além do frango, existe também uma espécie de carne moída de base vegetal, vendida pela Beefy Crumbles. Ambos os produtos são comercializados em seis mil lojas norte-americanas, incluindo importantes redes varejistas. Uma ruptura e tanto em um mercado bilionário e na contramão de uma tradição milenar!

Investidores de porte e fundos de capital de risco do Vale do Silício estão investindo centenas de milhões de dólares em novas empresas de tecnologia de alimentos e bebidas. Uma das razões principais é a preocupação com a saúde dos consumidores. A Hampton Creek, de São Francisco, por exemplo, desenvolveu uma maionese sem ovo e biscoitos que não têm colesterol. Seus cookies já são servidos nos refeitórios de 500 empresas e universidades americanas.

Mas há outras razões, é claro. A criação de animais é responsável por quase um quinto de todas as emissões de gases causadores de efeito estufa. A Modern Meadow, empresa com sede em Nova York, está desenvolvendo carne animal em laboratório – bifes que não sacrificam bois. Suas pesquisas estão ainda em estágio inicial, mas, graças a investidores de peso, seus avanços são promissores. E, se tiver sucesso, convencendo o consumidor de que a carne sintética é tão gostosa quanto a criada no pasto, o impacto de suas descobertas será prodigioso, eliminando quase 99% dos gases de efeito estufa gerados pela pecuária.[17]

Fatos morais relevantes	Qualificação
Impacto ambiental da criação de animais (gases de efeito estufa) e sequelas para a saúde pública.	Práticas parciais.
Proteínas vegetais para substituir proteínas animais e mitigação da pegada ecológica.	Práticas altruístas imparciais.

Alguém duvida que essas iniciativas de pesquisadores e de empreendedores capitalistas sejam práticas altruístas imparciais? Pois, além de assegurar a sustentabilidade empresarial, interessam a todos, contribuem positivamente para a saúde dos consumidores, reduzem o efeito estufa, mitigam a pegada ecológica e rejeitam os abusos praticados contra animais. De modo que obedecem à razão ética e irmanam as duas teorias éticas.

Do ponto de vista da teoria ética da convicção, há clara aplicação de um punhado de valores universalistas enfeixados sob o guarda-chuva da sustentabilidade – escolhe-se simplesmente resguardar a saúde dos consumidores e fazer bem aos animais. Simetricamente, do ponto de vista da teoria ética da responsabilidade, buscam-se os imensos benefícios que resultarão da adoção desses alimentos de laboratório, tanto para a saúde das pessoas como para as condições humanas de habitabilidade do planeta. Não há, até mais ver, contraindicações.

Outro movimento contemporâneo, de alto impacto social, é o da transição da filantropia caridosa para a eficiência empresarial aplicada à solução de problemas que afligem as sociedades.

[17] TEIXEIRA JR., Sérgio. Comida de laboratório. *EXAME*, p. 100-102, 15 out. 2014.

Da doação ao lucro

Uma extraordinária parceria está se desenvolvendo no mundo ocidental entre o 1º Setor (governos), o 2º Setor (investidores) e o 3º Setor (ONGs), particularmente em sete países (Inglaterra, Alemanha, Austrália, Bélgica, Canadá, Estados Unidos e Holanda). O governo prioriza um problema social e se compromete a dar uma bonificação monetária a quem conseguir enfrentá-lo. A novidade reside justamente aí: não se trata apenas de pagar pela prestação do serviço, mas de premiar resultados alcançados em casos críticos. É o chamado social impact bond ou título de impacto social.

A lógica do modelo é a seguinte: um agente capta recursos com fundações e instituições financeiras dispostas a financiar a resolução de um problema eleito pelo governo e contrata ONGs especializadas no combate àquele problema social. Avaliadores independentes acompanham a execução das atividades e aferem criteriosamente o cumprimento das metas estabelecidas, pois, caso não sejam cumpridas, os investidores perdem o dinheiro investido. Em compensação, se o projeto for bem-sucedido, os investidores recebem seu dinheiro de volta, acrescido de uma bonificação.

Por exemplo, a reincidência no crime por parte dos ex-detentos no Reino Unido custa aos cofres públicos US$20 bilhões por ano. Isso, é claro, tem muito a ver com as condições com as quais os ex-detentos se deparam ao saírem da prisão: estão sem dinheiro, sem trabalho e, no mais das vezes, viciados em drogas. Um trabalho de reinserção social conduzido com 370 ex-presos obteve quase 10% a menos de reincidentes, o que é considerado um bom resultado por especialistas.

Escreve Renata Vieira, na revista Exame: "A Social Finance foi responsável por selecionar as quatro ONGs que estão conduzindo as ações de reinserção e também por captar, com 17 fundações filantrópicas, os US$8 milhões necessários para as colocar em prática. Em 2016, se a queda total de reincidência para os 1.080 ex-detentos que terão passado pelo programa for de pelo menos 7,5%, as fundações que apostaram na iniciativa não só receberão de volta seus US$8 milhões, como também ganharão uma bonificação, que poderá variar de 2,5% a 13% anuais, dependendo do resultado."

Quem sai ganhando com isso? A sociedade com a redução dos crimes que potencialmente poderiam ser perpetrados, assim como o Ministério da Justiça inglês, ao economizar com a redução da reincidência dos detentos. Segundo a Social Finance, já existem mais de cem propostas de social bonds sendo estudadas no mundo.

Outro exemplo interessante é o do banco Goldman Sachs, no estado de Nova York, que aportou quase US$10 milhões em um programa de prevenção da reincidência criminal para adolescentes infratores. A meta é reduzir a reincidência desses jovens em mais de 10% até 2016. Se o projeto der certo, o banco receberá um adicional de 2%.[18]

Fatos morais relevantes	Qualificação
Programas baseados em *social bonds*.	Práticas altruístas imparciais.

A parceria entre os três setores – o 1º Setor (público), o 2º Setor (privado) e o 3º Setor (ONGs) – promete frutos expressivos e demonstra com clareza que decisões eticamente orientadas, aplicadas à produção de serviços públicos de qualidade, constituem um caminho altamente promissor para resolver agudos problemas sociais.[19]

Aqui, convergem as duas teorias éticas em toda a sua amplitude: são aplicadas convicções universalistas, tais como justiça, solidariedade, efetividade, ganhos sociais e imparcialidade, de um lado (teoria ética da convicção); e, de outro, são perseguidas consequências socialmente benéficas, tais como a proteção ao meio ambiente, a redução dos índices de reincidência criminal e a efetiva reabilitação de ex-detentos – verdadeiro trabalho de transformação social (teoria ética da responsabilidade). Todavia, é lícito lembrar que não se trata de atividades que têm cunho altruísta extremado, mas imparcial, porque não descartam o retorno financeiro. Constituem, sem dúvida, um jogo de soma positiva em que todos os participantes ganham.

[18] VIEIRA, Renata. Da doação ao lucro. *EXAME*, p. 96–99, 15 out. 2014.

[19] Sobre a tipologia dos três setores sociais, ver o caso "Parceria socialmente responsável", no Capítulo VI.

“A maioria dos homens são maus juízes quando seus próprios interesses estão envolvidos.”

Aristóteles

5 Estudo de casos: por que fazer?

Aplicações práticas

As tentações para embarcar em práticas egoístas ou parciais são inúmeras e se justificam na cabeça de seus autores à medida que atendem a seus interesses particularistas. Em sentido contrário, o esforço para se contrapor a essas tentações não se resume ao autocontrole ou à capacidade individual de resistir ao canto da sereia, mas à existência de mecanismos de controle eficazes que coíbam a proliferação dos abusos. Ou, em outros termos, que tornem os “custos” das transgressões mais altos do que os “benefícios” pretendidos, dissuadindo, assim, os potenciais transgressores.

Uma série de casos atuais esclarecerão ainda mais os procedimentos para as tomadas de decisão e mostrarão as repercussões de práticas decorrentes de racionalizações antiéticas.

A conta da crise de 2008

Nas investigações empreendidas pela Justiça norte-americana, após a crise de 2008, ficou evidenciado que os operadores das grandes instituições financeiras sabiam que estavam vendendo aos investidores ativos lastreados em hipotecas de alto risco, por meio de securitização ou via derivativos.

Escreve o jornalista Altamiro Silva Jr. no jornal O Estado de S.Paulo: "A crise financeira de 2008 já custou US$107 bilhões aos grandes bancos dos Estados Unidos. Nomes como Citibank, JP Morgan e Bank of America tiveram de pagar multas e indenizações bilionárias ao governo, às agências federais, a outras instituições financeiras e a investidores por conta da venda de papéis lastreados em hipotecas de alto risco que desencadearam a crise. Essa soma pode aumentar nos próximos meses, porque alguns bancos seguem discutindo na Justiça o valor de novas indenizações. (...) Além das multas bilionárias, os grandes bancos podem ter de enfrentar a justiça criminal porque, até agora, nenhum executivo de alto escalão das instituições financeiras foi preso por conta das vendas dos chamados 'ativos tóxicos' que desencadearam a crise de 2008 e colocaram os EUA em recessão".[1]

Fatos morais relevantes	Qualificação
Bancos venderam aos investidores ativos lastreados em hipotecas de alto risco	Práticas parciais
Multas e indenizações aplicadas pelas agências governamentais norte-americanas	Práticas altruístas imparciais

O parcialismo dos grandes bancos que venderam aos investidores "ativos tóxicos" por meio de securitização, ou via derivativos, ficou ainda mais evidenciado pelo conhecimento que seus operadores tinham a respeito da extrema fragilidade das hipotecas que serviam de lastro às operações.

Apesar disso, os acordos entre bancos e o governo norte-americano são de interesse público, à medida que punem com multas ou indenizações bilionárias as empresas responsáveis pela venda de papéis lastreados em hipotecas de alto risco. Vale lembrar, também, que não eximem os bancos de ter de enfrentar a justiça criminal e que seus executivos ainda poderão ser chamados a prestar contas diante dos tribunais. Trata-se, pois, de decisão baseada na razão ética, satisfazendo os adeptos da teoria ética da convicção. Por que será? Porque a sanção pecuniária não afasta outras me-

[1] SILVA JR., Altamiro. Conta da Crise de 2008 chega a US$107 bi. *O Estado de S. Paulo*, p. B7, 16 jul. 2014.

didas a serem processadas na órbita judiciária. Cumprem-se os ritos e os deveres universalistas, sem concessões e sem riscos, acionando a política de tolerância zero.

Essa postura não corresponde à análise situacional que a teoria ética da responsabilidade faria, uma vez que acordos da espécie costumam não ter necessariamente desdobramentos criminais, a exemplo do caso com o Deutsche Bank.[2] Pois, ao obter a colaboração dos acusados, e depois de exigir multas e indenizações, afasta-se o processo judicial, desde que isso seja juridicamente factível. Confere-se, assim, uma segunda chance aos inculpados que reconhecem implicitamente a culpa e, por isso mesmo, ficam sob estrita observação.

Vejamos um caso que se enquadra nessa linha de raciocínio.

As confecções terceirizadas

Um caso envolvendo a varejista espanhola Inditex, dona da Zara, teve grande repercussão no Brasil e afetou a imagem da companhia. Uma empresa terceirizada pela Zara, a Aha, foi acusada pelo Ministério Público do Trabalho (MPT) de explorar imigrantes bolivianos, sem documentação legal, em condições análogas à escravidão.

A Inditex descredenciou a fornecedora em atendimento ao Termo de Ajustamento de Conduta (TAC) que assinou com o MPT. Este termo previu a implantação de um programa de responsabilidade social com orçamento de R$3,4 milhões. No essencial, o programa consistiu em auditorias nos fornecedores de seis em seis meses (40 fornecedores e 208 oficinas de costura) e na criação de um Poupa Tempo para imigrantes, no qual estrangeiros sem recursos poderiam obter a documentação necessária para viver no país.[3]

Fatos morais relevantes	Qualificação
Empresas terceirizadas exploram mão de obra de imigrantes.	Práticas parciais.
Acordo entre a Inditex e o Ministério Público do Trabalho resulta em um Poupa Tempo para imigrantes e no fortalecimento das auditorias em fornecedores.	Práticas altruístas imparciais.

[2] Consta do capítulo precedente.

[3] MALTA, Cynthia. Imagem da marca Zara no Brasil é foco de preocupação da Inditex. *Valor Econômico*, 5 jul. 2012. Disponível em: <http://www.valor.com.br/empresas/2739158/imagem-da-marca-zara-no-brasil-e-foco-de--preocupacao-da-inditex#ixzz21KnwzYks>. Acesso em: 10 nov 2015.

A fornecedora de roupas Aha incidia em parcialismo, ao explorar a mão de obra de imigrantes bolivianos em condições análogas à escravidão, e foi descredenciada pela Inditex. Essa providência por parte da varejista espanhola se deu em respeito a um termo de ajustamento de conduta assinado com o Ministério Público do Trabalho, em uma prática altruísta imparcial determinada pelo órgão público. O acordo entre as partes, todavia, foi além: previu a implantação de um programa de responsabilidade social cujo orçamento monta a R$3,4 milhões a serem desembolsados no período de dois anos. Trata-se de um conjunto de projetos que vai desde a criação de um PoupaTempo para imigrantes até o fortalecimento de auditorias nos fornecedores e oficinas de costura que trabalham para a marca. Não há notícia de que seria instaurado um processo judicial.

A decisão foi tomada à luz de uma análise situacional e, portanto, da teoria ética da responsabilidade, dando especial destaque às consequências que o fato produz: busca-se prevenir novas ocorrências com as auditorias a serem realizadas e com o descredenciamento de fornecedores faltosos. Criam-se também condições objetivas para que os imigrantes em geral recebam orientação quanto a seus direitos e possam ser integrados ao mercado de trabalho munidos da competente documentação.

Essas providências procuram estabelecer novo paradigma, transcendendo as ações punitivas tradicionais que consistem apenas em multar e processar as redes varejistas (Zara, Marisa, C&A, Pernambucanas). De fato, essas têm responsabilidade objetiva sobre a cadeia produtiva que encabeçam. Afinal, de algum modo, elas se acumpliciaram com as oficinas terceirizadas de confecção, praticaram o parcialismo e se beneficiaram das condições abusivas em que se encontravam os trabalhadores bolivianos, a começar dos salários aviltantes, que asseguravam preços baixos.

Trabalho degradante

Uma lei que entrou em vigor no Estado de São Paulo, em 2013, e que foi regulamentada pelo governador Geraldo Alckmin, vai coibir de forma eficaz as confecções que exploram imigrantes – bolivianos, paraguaios, peruanos – em condições degradantes: prédios improvisados, sem ventilação e sem condições de higiene; jornadas que chegam a 16 horas com salário médio de R$400, bem abaixo do salário-mínimo de R$755; trabalhadores sem direito a horas extraordinárias ou a férias.

Essas confecções são subcontratadas de fabricantes ou empresas de varejo e se valem do fato de que os imigrantes não têm documentação legal para os reduzir à condição análoga à escravidão. Os preços vis que pagam lhes conferem uma vantagem competitiva desleal frente às empresas que cumprem suas obrigações trabalhistas.

O que acontecerá com as empresas autuadas? Poderão ter suas inscrições na Secretaria da Fazenda canceladas, inviabilizando suas operações legais (bastará uma decisão na Justiça de segunda instância para que as empresas tenham seu registro de contribuintes do ICMS eliminado). Por sua vez, seus proprietários ficarão impedidos por dez anos de abrir empresa no mesmo setor. Mais ainda: as punições não alcançarão apenas os responsáveis diretos pelas oficinas, mas serão extensivas às empresas contratantes, destinatárias dos produtos.[4]

Fatos morais relevantes	Qualificação
Varejistas encomendam a confecção de peças de vestuário a preços vis e oficinas se valem do trabalho degradante para atendê-las.	Práticas parciais.
Disposições legais para reprimir a exploração de mão de obra em condições abusivas e para coibir as empresas beneficiárias.	Práticas altruístas imparciais.

A lei que entrou em vigor no Estado de São Paulo, com seu respectivo decreto de regulamentação, tem caráter altruísta imparcial, portanto de interesse público. Por quê? Porque visa coibir as recorrentes práticas parcialistas cometidas tanto pelas oficinas terceirizadas quanto pelas empresas que lhes encomendam confecções. Porque reprime o desrespeito às leis trabalhistas – exploração da mão da obra por meio de salários aviltados e péssimas condições de trabalho em que os imigrantes operam – e reduz a concorrência desleal entre empresários do setor. Porque prevê sanções expeditas de largo alcance, dotando as delegacias estaduais do Ministério do Trabalho de instrumentos eficazes para inibir e controlar tais abusos (cancelamento das inscrições das empresas junto à Secretaria da Fazenda e proibição por dez anos de exercer a mesma atividade econômica). E porque, finalmente, constitui processo de normatização, que padroniza as decisões a serem tomadas pelas autoridades, obedecendo ao figurino da teoria ética da convicção.

[4] Trabalho degradante. *O Estado de S. Paulo*, Opinião, 7 jun. 2013. Disponível em: <http://opiniao.estadao.com.br/noticias/geral,trabalho-degradante-imp-,1039820>. Acesso em: 10 nov 2015.

Indenização por contaminação

A indústria farmacêutica Eli Lilly foi condenada, em primeira instância, a pagar R$1 bilhão a título de indenização por ter contaminado ex-trabalhadores com substâncias tóxicas em sua fábrica de Cosmópolis. A empresa vai recorrer.

Embora a multinacional tenha comunicado voluntariamente à Cetesb, em 2004, ter contaminado o solo e o lençol freático, ela alega hoje que "não foram identificados na área indícios de metais pesados nem pela empresa nem pelas consultorias especializadas nem pela Cetesb, órgão regulador".

Análises feitas, entretanto, mostram que foram enterrados de forma irregular no terreno da empresa três mil metros cúbicos de lixo tóxico e uma perícia anexada pelo Ministério Público do Trabalho (MPT) identificou no local 150 substâncias agressivas que podem causar males irreversíveis à saúde.

A sentença proferida contempla todos os ex-trabalhadores que estiveram na unidade entre os anos 1977 e 2003, garantindo-lhes direito a seguro-saúde, assim como a seus filhos, pelo resto da vida. Em acréscimo, tanto a Eli Lilly quanto a Antibióticos do Brasil (a quem fora repassada a fábrica) terão de custear uma fundação de pesquisa para analisar a saúde dos ex-funcionários e de seus filhos e verificar a contaminação ambiental ocorrida no solo, na água, na fauna e na flora. Para tanto, serão gastos R$150 milhões do valor da multa, sendo que o restante será destinado ao Fundo de Amparo ao Trabalhador (FAT), ao Hospital das Clínicas da Unicamp, ao Hospital Celso Pierro e ao Centro Boldrini, que faz tratamento de crianças com câncer, todas entidades sediadas na região de Campinas.[5]

Fatos morais relevantes	Qualificação
A Eli Lilly contaminou o solo e o lençol freático ao enterrar de forma irregular três mil metros cúbicos de lixo tóxico, o que provocou doenças graves aos trabalhadores.	Práticas parciais.
Autodenúncia sem admitir contaminação dos ex-funcionários (manobra ou fato?).	Prática parcial (até apreciação do recurso).
Imposição de indenização pela Justiça do Trabalho por danos morais coletivos.	Prática altruísta imparcial.

[5] BRANDT, Ricardo. Empresa terá de pagar R$1 bi por contaminação de ex-trabalhadores. *O Estado de S. Paulo*, 9 mai. 2014. Disponível em: <http://saude.estadao.com.br/noticias/geral,empresa-tera-de-pagar-r-1-bi-por-contaminacao-de-ex-trabalhadores,1164554.> Acesso em: 10 nov. 2015.

Neste caso, não houve acordo, mas sentença, embora a empresa implicada tenha feito uma "autodenúncia". Os danos coletivos provocados, tanto aos trabalhadores da planta industrial quanto ao SUS, acarretaram pesadas multas e indenizações: seguro-saúde pelo resto da vida aos trabalhadores e a seus filhos; custeio de uma fundação de pesquisa para analisar a saúde do pessoal afetado e a contaminação ambiental do solo, água, fauna e flora; ressarcimento dos gastos incorridos pelo sistema hospitalar público em função das graves doenças ocasionadas aos ex-funcionários.

Todas essas providências se enquadram na razão ética, segundo o *modus operandi* da teoria ética da convicção, pois cumprem os mandamentos legais de caráter universalista e aplicam as respectivas sanções. Atualizam deveres de interesse público, portanto, de natureza altruísta imparcial.

Abuso da boa-fé

Em 2012, os gastos do Ministério da Saúde com próteses e órteses bateram no inacreditável patamar de R$1 bilhão. Foi o gatilho para que o sistema nacional de auditoria do setor (Denasus) deflagrasse uma investigação. A Polícia Federal se engajou no processo e obteve confissões com base em delações premiadas. E o que descobriu? Uma rede de médicos associada a donos e diretores de hospitais em franco conluio com fornecedores. Em troca da aquisição de determinados produtos (em geral, da pior qualidade), havia um esquema de propinas que variava de 10% a 20% do valor das compras superfaturadas. Somente nos hospitais federais do Rio de Janeiro apurou-se que a máfia se apropriou de R$120 milhões.

Um caso escabroso envolveu um cirurgião que encheu a coluna de um paciente de molas e parafusos desnecessariamente. Esse procedimento custa, em média, R$250 mil só em material. O fabricante comemorou e o médico recolheu sua recompensa.[6]

[6] RITTO, Cecília. Três stents e uma viagem. *VEJA*, p. 74–75, 24 dez. 2014.

Fatos morais relevantes	Qualificação
Conluios entre médicos, hospitais e fornecedores para sobrefaturar materiais cirúrgicos.	Práticas parciais.
Investigação da Polícia Federal, visando desbaratar a rede criminosa.	Prática altruísta imparcial.
Delação premiada por parte de participantes do esquema, visando amenizar sua pena.	Práticas autointeressadas.

Enquanto a razão de base de um empresário para se empenhar em atividades econômicas consiste em ganhar dinheiro ao atender as necessidades de clientes e, de forma complementar, em dirigir uma empresa socialmente responsável, a razão de base de um médico para se empenhar em atividades profissionais consiste em cuidar da saúde de doentes, poupar-lhes sofrimentos e, em complemento, em ganhar dinheiro para se sustentar. Em caso de inversão das prioridades, a situação adquire contornos desconcertantes: o empresário passaria a se assemelhar a uma organização não governamental e o médico se converteria em mercenário. O cenário torna-se repulsivo quando, em colusão, empresário e médico fraudam clientes e pacientes para se locupletar à custa deles.

No presente caso, os profissionais envolvidos resvalaram na vala da delinquência. O que temos diante de nós? Hospitais e fornecedores gananciosos mancomunaram-se com médicos inescrupulosos para lesar pacientes, planos de saúde e o Sistema Único de Saúde. Exercitaram, por isso mesmo, um particularismo sórdido. Com vistas a desmantelar a organização criminosa, a Polícia Federal serviu interesses públicos: aplicou o instituto da delação premiada em necessária consonância com a Justiça e indiciou os participantes do esquema. Para tanto, valeu-se da teoria ética da responsabilidade: a redução de penas (mal necessário) teve por propósito alcançar o bem maior que era desvendar o *modus operandi* da máfia incriminada. O que dizer dos delatores? Ainda que vistos pelos comparsas como traidores, prestaram um serviço público e foram recompensados por isso, legitimando sua própria defesa.

Fraude contábil na Olympus

Duas semanas depois de assumir o posto de CEO da Olympus, Michael Woodford foi demitido da presidência pelo Conselho de Administração. Razões alegadas? O executivo não respeitava a cultura organizacional da empresa nem se sujeitava à hierarquia. Ora, ele tinha trinta anos de casa e sua carreira fora sempre elogiada. O mercado desconfiou de movimento tão incomum e as ações da empresa começaram a despencar. Qual era o segredo desse angu?

Woodford queria investigar quatro aquisições feitas pela Olympus nos anos de 2006 e 2008, que não se coadunavam com os negócios da companhia e cujos preços lhe pareceram exorbitantes.

Analistas e investidores pressionaram para maiores explicações, enquanto as ações sofriam uma desvalorização de quase 50% na bolsa do Tóquio. No total, as perdas acumuladas somaram US$1,3 bilhão. A Olympus então confessou que as aquisições feitas lhe custaram quase €700 milhões e que os intermediários das operações receberam cerca de €490 milhões.

Diante das suspeitas, a Polícia Federal do Japão e o FBI norte-americano se mobilizaram e, em sua investigação, descobriram que as aquisições não passaram de um disfarce para encobrir resultados financeiros negativos. Isto é, a companhia vinha cometendo fraudes financeiras desde os anos 1990.

Correram ainda rumores de ligação com o crime organizado japonês e que a cifra de US$1 bilhão podia ser cinco vezes maior.

Escreve Daniela Barbosa na revista EXAME: "Após o escândalo, a Olympus afastou os executivos envolvidos na fraude contábil, entre eles, Tsuyoshi Kikukawa, presidente do conselho e substituto de Woodford no posto de CEO. A companhia também criou dois comitês de investigação para que outros detalhes do caso sejam revelados. Como se não bastasse, a companhia corre o risco agora de ter suas ações desalistadas da Bolsa de Tóquio, caso não divulgue seus resultados financeiros até o dia 14 de dezembro".

De seu lado, Woodford tenta reaver seu emprego de volta e acena com um possível resgate da companhia.[7]

[7] BARBOSA, Daniela. A Olympus e uma das maiores fraudes contábeis do mundo corporativo. *EXAME.com*, 2 dez. 2011. Disponível em: <http://exame.abril.com.br/negocios/noticias/a-olympus-e-uma-das-maiores-fraudes-contabeis-da-historia-corporativa>. Acesso em: 10 nov. 2015.

Fatos morais relevantes	Qualificação
Fraudes financeiras cometidas na década de 1990; aquisições feitas para disfarçar as fraudes; pagamento de assessoria para intermediar as aquisições; demissão do CEO que propôs uma investigação a respeito desses fatos.	Práticas parciais.
Proposta de abertura de inquérito pelo ex-CEO para investigar as quatro aquisições; afastamento dos executivos envolvidos na fraude contábil e criação de dois comitês de investigação.	Práticas altruístas restritas.
Investigações encetadas pela Polícia Federal do Japão e pelo FBI dos EUA.	Práticas altruístas imparciais.
Campanha lançada pelo ex-CEO para recuperar o posto.	Prática autointeressada.

A proposta de abertura de inquérito por parte do ex-CEO para investigar as quatro aquisições feitas pela Olympus durante os anos de 2006 e 2008 foi uma atitude altruísta restrita, pois visava defender os interesses dos investidores e preservar o próprio negócio. Não esperava ele que fosse a alavanca que destampou a Caixa de Pandora, deixando escapar todos os males do mundo. As aquisições, com efeito, constituíram um expediente para disfarçar as fraudes financeiras cometidas pela companhia na década de 1990. Práticas parciais, sem dúvida, por parte da alta direção da Olympus, pioradas com as tentativas de mascarar os resultados financeiros negativos em seus balanços.

Outras ações parcialistas foram: 1) a demissão do CEO duas semanas depois de sua posse (o que desencadeou as pressões dos investidores e analistas desconfiados); 2) a pretensa "confissão" da companhia, alegando que desembolsou cerca de €490 milhões para que uma assessoria intermediasse as quatro aquisições (explicação que não convenceu o mercado, nem a Polícia Federal do Japão, nem muito menos o FBI norte-americano). Além disso, para cúmulo, correram rumores que a Olympus mantinha ligação com o crime organizado japonês, o que quintuplicaria a fraude estimada em US$1 bilhão. Se tais rumores fossem confirmados, a companhia afundaria por inteiro. Isso tudo chamou a atenção da Polícia Federal japonesa e do FBI, que se mobilizaram para tentar desvendar o caso e, ao cuidar do interesse público, exercitaram o altruísmo imparcial.

Estourado o escândalo, a Olympus afastou os executivos envolvidos na fraude contábil, entre os quais o presidente do conselho, e criou dois comitês de investigação, em uma reação altruísta restrita, embora tardia. O ex-CEO, por sua vez, funcionário de carreira da Olympus (trabalhou trinta anos na companhia), lançou uma campanha para ter seu emprego de volta, em uma atitude autointeressada.

A maior parte dos movimentos aqui retratados se filia ao campo da racionalização antiética, em função da clara defesa de interesses particularistas. Por sua vez, as poucas reações positivas, tais como a demissão dos executivos implicados na fraude e a formação de comitês de investigação, abrigam-se sob o guarda-chuva da teoria ética da responsabilidade. Por que será? Porque, a partir de uma análise de riscos, são reações à crise que visam acalmar o mercado e buscam afastar o risco de desalistar as ações da companhia na Bolsa de Tóquio; porque são mitigações de danos (males menores) para evitar que a empresa seja arruinada (mal maior). Não é o caso da intervenção das autoridades policiais, que cumprem obrigações universalistas, orientadas pela teoria ética da convicção.

SDE investiga cartéis

Investigações abertas na Europa e nos Estados Unidos colheram provas a respeito de cartéis mundiais de empresas produtoras de tubos, painéis, discos ópticos e memórias, cujo efeito mais patente é a elevação do preço de computadores, televisores e componentes eletrônicos. Com base nessas informações, a Secretaria de Direito Econômico (SDE) iniciou apurações no Brasil.

Quarenta e quatro empresas são investigadas, tais como a LG, a Hitachi, a Toshiba, a Quanta e a Samsung. Se forem condenadas, poderão ser multadas em até 30% de seu faturamento. A decisão final cabe ao Conselho Administrativo de Defesa Econômica (CADE), pois se trata de processos de cartelização.

Escreve Juliano Basile, no jornal Valor Econômico: "Em todas as investigações, há relatos de trocas de informações sobre preços, percentuais de aumentos, estoques e as cotações desses produtos no exterior. No caso dos leitores ópticos, há cópias de e-mails, registros de telefonemas e de reuniões de diretores de empresas em restaurantes e bares para combinar preços".

Aliás, para evitar a queda de preços, um dos expedientes consistia em interromper simultaneamente todas as linhas de produção para reduzir a oferta de produtos.

Diante dos fatos apurados, e a exemplo do que ocorreu na Europa e nos Estados Unidos, acordos de leniência são aguardados. É importante sublinhar que acordos firmados não impediram a prisão de executivos nem a aplicação de multas individuais ou empresariais (algumas delas da ordem de centenas de milhões de dólares).

No Brasil, os alvos primários dos cartéis foram grupos que adquirem componentes eletrônicos, como Apple, Dell, IBM, Compaq, HP e Gateway, e que poderão impetrar processos judiciais, pedindo indenização.[8]

Fatos morais relevantes	Qualificação
Formação de cartéis internacionais e adoção de medidas que encareceram os produtos vendidos.	Práticas parciais.
Ações repressivas adotadas por órgãos públicos (cadeia para executivos, pagamento de multas e indenizações).	Práticas altruístas imparciais.
Ações judiciais instauradas por empresas clientes, reclamando indenizações.	Práticas altruístas restritas.

Como caracterizar essas situações? Se for comprovado que as empresas denunciadas são de fato integrantes de cartéis internacionais, a exemplo do que já ocorreu na Europa e nos Estados Unidos, não restará dúvida de que foram parciais e que suas ações se enquadram no campo das racionalizações antiéticas. Combinaram preços e percentuais de aumentos, reduziram a oferta de produtos para evitar queda de preços em detrimento das empresas clientes e, por via de consequência, dos consumidores finais. Por sua vez, as ações repressivas adotadas por vários órgãos públicos no exterior enquadram-se no altruísmo imparcial, satisfazendo os interesses públicos (prisões de executivos e multas individuais; indenizações pagas por empresas). E, por fim, as ações judiciais instauradas pelos clientes prejudicados, reclamando indenizações, são altruístas restritas, já que procuram satisfazer interesses grupais (são empresas como Apple, Dell, IBM, Compaq, HP e Gateway).

[8] BASILE, Juliano (com a colaboração de Gustavo Brigatto e Moacir Drska). *Valor Econômico*, 28 fev. 2012.

Se o CADE, no Brasil, aceitar o acordo de leniência das empresas, a multa poderá ser reduzida e o processo encerrado, em um acordo que a teoria ética da responsabilidade legitima. As demais ações dos órgãos governamentais legitimam-se pela teoria ética da convicção, dada a aplicação de normas universalistas e de sanções consagradas.

Propaganda enganosa

O Conselho de Autorregulamentação Publicitária (Conar), órgão privado, procura orientar as empresas no sentido de não veicular mensagens duvidosas e a ter cuidados com a publicidade infantil, assim como com as questões de responsabilidade social, a propaganda comparativa e a adequação às leis. Mesmo assim, os Procons estaduais estão sendo chamados a atuar cada vez mais para coibir propagandas enganosas.

Foram autuadas, por exemplo, as cervejarias Schincariol e Petrópolis por induzir o consumidor a pensar que o selo de proteção usado nas latas de cerveja era higiênico. Foram também autuadas várias dezenas de concessionárias e montadoras por anunciar o valor dos veículos sem computar o custo do frete. Da mesma forma, os Procons têm acolhido queixas reiteradas de consumidores contra a publicidade de serviços de telecomunicações e de televisão paga. Razão? As emissoras anunciam pacotes com valores válidos apenas para os dois ou três meses iniciais, escamoteando o verdadeiro valor das mensalidades. Ocorre que a sociedade civil não mais perdoa essas formas de ludibriar a boa-fé dos clientes.[9]

Fatos morais relevantes	Qualificação
Propagandas enganosas.	Práticas parciais.
Intervenções do Conar (proibição de divulgação) e do Procon (autuações e multas).	Práticas altruístas imparciais.
Queixas dos consumidores às agências competentes.	Práticas autointeressadas.

Tanto as ações do Procon-SP (autuação das cervejarias e multas de empresas) como as do Conselho de Autorregulamentação Publicitária (Conar) procuram coibir propagandas enganosas. Promovem o bem comum, à medida que buscam proteger os consumidores de anúncios que os indu-

[9] RIBEIRO, Marili. Propaganda no alvo do consumidor. *O Estado de S. Paulo*, 24 ago. 2009. Disponível em: <http://economia.estadao.com.br/noticias/geral,propaganda-no-alvo-do-consumidor,423548>. Acesso em: 10 nov 2015.

zem em erro, e suas práticas enquadram-se no altruísmo imparcial. Afinal, a aplicação de normas reguladoras consensuais interessa a todos, razão pela qual ela desfruta de ampla legitimidade (teoria ética da convicção).

Em contrapartida, as campanhas publicitárias das cervejarias Schincariol e Petrópolis, induzindo o consumidor a pensar que o selo de proteção usado nas latas de cerveja seria higiênico, caracterizam-se por serem práticas parciais, uma vez que prejudicam seus clientes e visam tão somente beneficiar as empresas que as patrocinaram. Também são parciais as peças publicitárias que anunciam o valor dos carros sem computar o custo do frete, sonegando informação importante para a tomada de decisão dos compradores. O mesmo vale para a publicidade de serviços de telecomunicações e de televisão paga, ao anunciar pacotes com valores válidos apenas para os dois ou três meses iniciais e ao escamotear o preço efetivo. Essas ações todas correspondem à satisfação de interesses particularistas e se apoiam em racionalizações antitéticas (meias verdades enganadoras), alegando que são inocentes omissões.

Zelando por seu autointeresse, os clientes têm se valido, cada vez mais, do Código de Defesa do Consumidor e têm acionado agências como os Procons, o Ministério Público e o Conar (entidade da sociedade civil).

Empresário condenado

Em 2008, uma denúncia anônima chegou à Receita Federal em Minas Gerais sobre a suposta sonegação de tributos pela empresa de varejo Ricardo Eletro. Qual seria o esquema? As vendas superiores a R$400 eram contabilizadas pelo custo de aquisição das mercadorias. Encarregado do caso, o auditor Einar Pismel Júnior pesquisou os balanços e livros da empresa durante quase três meses e não tomou providência alguma. Tudo indica, "acertou-se" com o empresário Ricardo Nunes. Ora, como se sabe?

Em setembro de 2010, o auditor foi preso em flagrante quando saía do escritório da Ricardo Eletro na capital de São Paulo. Portava R$50 mil e US$4 mil em dinheiro vivo. Foi condenado a quatro anos de prisão por corrupção passiva. Por sua vez, o empresário Ricardo Nunes foi condenado pela Justiça Federal a três anos e quatro meses de prisão por corrupção ativa, porque se supõe que ele tenha pago propina para que a Ricardo Eletro não fosse atuada.

O advogado dele, naturalmente, alega a inocência de seu cliente e vai recorrer da sentença proferida em primeiro grau. Afirma que "a fiscalização foi realizada por uma outra auditora fiscal". Ocorre que o Ministério Público Federal apurou que Einar teria omitido bens em suas declarações de imposto de renda, denotando enriquecimento ilícito. E mais: em interceptação telefônica, autorizada judicialmente, a Polícia Federal identificou ligação entre o empresário e o fiscal. Eles acertaram a entrega de "documentos" na sede da Ricardo Eletro. Durante busca na residência do auditor, a PF apreendeu R$109 mil e quase US$50 mil.[10]

Fatos morais relevantes	Qualificação
Suposto acerto entre o empresário e o auditor.	Prática parcial.
Omissão de bens na declaração de renda do auditor.	Prática egoísta.
Sentença proferida pelo juiz e cumprimento de obrigações profissionais por parte do advogado ao defender o acusado.	Práticas altruístas imparciais.

O suposto trato entre o empresário e o auditor constitui prática parcial, pois visou acobertar sonegação fiscal da empresa ao corromper ativamente o auditor-fiscal, conforme atestam as evidências de seu enriquecimento ilícito e a posse de dinheiro vivo, quando da prisão em flagrante por policiais federais. O caso se caracteriza como particularista, obedecendo à racionalização antitética, ao lesar os cofres públicos e ferir o bem comum, em benefício da empresa corruptora e do auditor corrompido.

A condenação à prisão do empresário decorre da convicção do juiz quanto à sua culpa. É uma prática consensual, uma ação pública de caráter imparcial, universalista, que objetiva preservar os interesses gerais e promover o bem comum, na estrita obediência à teoria ética da convicção.

A ação do advogado do empresário procurou garantir um processo justo a que tem direito todo cidadão e se limitou ao desempenho técnico de defender o acusado. Desde que não extrapole ou se torne cúmplice do cliente (o que redundaria em parcialismo), todo advogado cumpre obrigações profissionais de caráter imparcial, que obedecem à razão ética: interessa a todos que os julgamentos respeitem os direitos dos cidadãos e que, ao cumprir as leis e os trâmites de praxe, sejam justos para com os réus.

[10] Agência Estado. Sócio da Máquina de Vendas é condenado à prisão. *EXAME.com*, 9 ago. 2011. Disponível em: <http://exame.abril.com.br/negocios/noticias/socio-da-maquina-de-vendas-e-condenado-a-prisao>. Acesso em: 10 nov. 2015.

Ernst & Young investigada

A empresa de auditoria Ernst & Young (EY) concordou em pagar US$117,6 milhões de indenização a acionistas prejudicados pela quebra da Sino-Forest que pediu falência em março de 2012. Foi o maior acordo do tipo já realizado no Canadá. Mas, em um outro processo de investigação, o órgão regulador do mercado acionário – a Ontario Securities Commission – e seu congênere norte-americano – a Securities and Exchange Commission (SEC) – acusam a Ernst & Young de ter falhado em suas atribuições, pois foi incapaz de verificar a existência e a propriedade dos ativos registrados pela Sino-Forest (757 mil hectares de árvores e 700 mil prontos para aquisição).

Escreve a jornalista Cláudia Trevisan no jornal O Estado de S.Paulo: "A propriedade desses ativos foi colocada em dúvida em junho de 2011 pela Muddy Waters, que investiga companhias chinesas. A empresa acusou a Sino-Forest de praticar fraudes em escala 'estratosférica'. Na época da divulgação do documento, a empresa tinha valor de mercado de quase US$7 bilhões. Segundo a Muddy, a Sino-Forest exagerou o valor de ativos e de faturamento de maneira sistemática. (...) Maior empresa do setor florestal registrada no mercado acionário canadense, a Sino-Forest captou US$3 bilhões de investidores de 2003 a 2010, mas seu valor de mercado foi dizimado após denúncia de fraude".

E-mails trocados entre funcionários da Ernst & Young atestam que não tinham como saber se as árvores que inspecionavam eram efetivamente da Sino-Forest...

É interessante ressaltar que, nesse ínterim, a Securities and Exchange Commission (SEC) iniciou processo administrativo contra as grandes empresas de auditoria (BDO, Deloitte Touche Tohmatsu, Ernst & Young, KPMG e PricewaterhouseCoopers) por se recusarem a entregar documentos exigidos em investigações de fraudes contábeis contra empresas chinesas que têm ações nas bolsas americanas.[11]

[11] TREVISAN, Cláudia. Além da China, Ernst & Young é investigada no Canadá. *O Estado de S. Paulo*, 6 dez. 2012. Disponível em: <http://economia.estadao.com.br/noticias/geral,alem-da-china-ernst-e-young-e-investigada-tambem-no-canada-imp-,969833>. Acesso em 10 nov. 2015.

Fatos morais relevantes	Qualificação
A Sino-Forest inflou seus ativos.	Prática parcial.
A Muddy Waters denunciou a fraude.	Prática altruísta restrita.
A EY falhou no cumprimento de suas obrigações e se recusou, assim como outras empresas de auditoria, a entregar documentos referentes às fraudes contábeis.	Práticas parciais.
A SEC norte-americana e a Ontario Securities Commission do Canadá investigam o caso.	Práticas altruístas imparciais.

A Sino-Forest, que pediu falência, navegava a braçadas no parcialismo particularista, inflando seus ativos e seu faturamento, de vez que captou de maneira fraudulenta bilhões de dólares à custa de investidores incautos. A empresa Muddy Waters, que investigava companhias chinesas, denunciou a fraude: agiu, pois, de forma altruísta restrita em defesa dos investidores envolvidos. Isso contrasta com a Ernst & Young que, à semelhança das outras grandes empresas de auditoria, se recusou a entregar documentos exigidos pela SEC em investigações de fraudes contábeis. Como, porém, já havia concordado em outro processo a pagar uma indenização milionária a acionistas prejudicados pela quebra da Sino-Forest, reconheceu de forma implícita que falhou no cumprimento de suas atribuições de auditora.

A SEC norte-americana e a Ontario Securities Commission do Canadá agem em defesa dos interesses públicos, de modo altruísta imparcial, cumprindo obrigações universalistas (teoria ética da convicção).

Fraude na Café Pilão

Em junho de 2012, André Maurino trocou a diretoria financeira do Carrefour por posição idêntica na holandesa Master Blenders. A subsidiária brasileira era então líder do mercado nacional de café com suas marcas Pilão, Palheta e Café do Ponto. Ao assumir o posto, o executivo se deparou com indícios de manipulação de resultados. Escolado, não demorou para solicitar uma auditoria à PricewaterhouseCoopers.

Ocorre que a pertinência das dúvidas chamou a atenção da matriz que, ipso facto, deslocou a cúpula da companhia para o Brasil, não sem contratar a auditoria Ernst & Young e a empresa de investigação americana Kroll. No ato, também, foram demitidos o presidente brasileiro, o antigo diretor financeiro e seu segundo.

Escreve Ana Luiza Leal na revista EXAME: "Em 1º de agosto, a empresa divulgou um comunicado informando a descoberta de problemas de contabilidade na operação brasileira, que, somados, resultam em perdas de 85 milhões a 95 milhões de euros (de 212 milhões a 237 milhões de reais). Dizia ainda que os balanços financeiros dos últimos três anos e meio seriam revisados. A informação fez com que as ações da Master Blenders, que havia passado a negociá-las em Amsterdã apenas três semanas antes, desvalorizassem 7% no dia seguinte. 'Em questão de minutos perdemos quase 500 milhões de euros (cerca de 1,2 bilhão de reais)', afirma Errol Keyner, vice-diretor da Associação Holandesa de Acionistas".

De que tipo de fraude se tratava? Das chamadas "antecipações de venda": para cumprir metas e garantir bônus, alguns executivos registravam pedidos de venda sem que esses fossem efetivados. Os varejistas até que aceitavam as compras, mas só pagavam quando de fato lhes convinha solicitar os produtos. Só que isso podia levar meses. Os valores integrais das vendas, entretanto, eram lançados na contabilidade.

No tocante aos grandes varejistas e atacadistas, o mecanismo era outro: ofereciam até 50% a mais de verba promocional para que fizessem novos pedidos, ainda que não precisassem. E não lançavam no balanço essa verba como despesa, mas como "contas a receber". O fato é que o lucro dos últimos três anos e meio ficou €37 milhões menor e a associação de investidores holandeses passou a exigir uma compensação da companhia e de quem assinou seu prospecto de entrada na bolsa – no caso, a auditoria Price e o banco ABN Amro. A crise de confiança estava estabelecida.[12]

Fatos morais relevantes	Qualificação
Manipulações contábeis praticadas pela diretoria anterior e rombo no balanço.	Práticas parciais.
Realização de auditoria e de investigação; demissão da diretoria; divulgação do fato.	Práticas altruístas restritas.
Compensação exigida pela associação de investidores holandeses.	Prática altruísta restrita.

[12] LEAL, Ana Luiza. Fraude de mais de R$200 milhões com Café Pilão. *EXAME*, 14 set. 2012. Disponível em: <http://exame.abril.com.br/revista-exame/edicoes/1024/noticias/cafe-com-fraude>. Acesso em: 10 nov. 2015.

No final, o rombo no balanço da empresa foi de R$240 milhões e a Master Blenders perdeu cerca de R$1 bilhão em valor de mercado.[13]

Alguns fatos morais apontados caracterizam-se como altruístas restritos, favorecendo tão somente os agentes que praticaram as ações, sem causar prejuízos às demais partes interessadas: 1) a preocupação do novo diretor financeiro com a herança recebida e com os impactos negativos sobre o negócio o fez pedir uma auditoria; 2) a contratação de duas empresas (de auditoria e de investigação) pela matriz após constatar indícios de manipulação de resultados; 3) a demissão de membros proeminentes da diretoria da empresa no Brasil para debelar eventuais resistências às investigações; 4) a divulgação de um comunicado informando a descoberta de problemas de contabilidade na operação brasileira, assumindo com destemor o ônus da transparência (houve desvalorização das ações da companhia na Bolsa); 5) a exigência de compensação pela revisão das informações referentes ao lucro dos últimos três anos e meio por parte da associação de investidores holandeses.

Ou seja, interesses universalistas foram perseguidos à luz da teoria ética da responsabilidade em decorrência de uma análise situacional, menos talvez o item 3, que pode ter resultado da aplicação de norma interna (teoria ética da convicção).

As ações de caráter parcial, favorecendo os interesses particularistas de seus autores, foram: 1) o registro de uma série de pedidos de varejistas sem que fossem oficialmente realizados – "antecipações de venda" por parte de executivos de vendas, procurando garantir seus bônus anuais ao simular o cumprimento das metas de crescimento; 2) o aumento de até 50% da verba promocional usada para incluir produtos em tabloides ou para garantir uma posição privilegiada na gôndola – verba essa que não era lançada como despesa, mas como crédito nas contas a receber. Resumindo: temos aqui diversas ações suportadas por racionalizações antitéticas, procurando justificar-se com base em duas alegações – o cumprimento das metas e as práticas consagradas no mercado.

[13] ROSSI, Lucas. Como recuperar a imagem depois de uma fraude. *EXAME*, 16 out. 2014. Disponível em: <http://exame.abril.com.br/revista-exame/edicoes/1075/noticias/como-recuperar-a-imagem-depois-de-uma-fraude>. Acesso em: 10 nov. 2015.

Propina da SBM à Petrobras

Entre fevereiro e março de 2014, uma auditoria interna da Petrobras não constatou indícios de irregularidade nos contratos de aluguel de plataformas contratadas junto à empresa holandesa SBM Offshore, responsável pelo aluguel de embarcações para a petroleira.

Em novembro, todavia, a presidente da estatal, Graça Foster, confessou pela primeira vez que foi informada pela própria SBM que houve, sim, pagamento de propina. Para Foster, a informação foi "avassaladora" e a levou a suspender de imediato a participação da fornecedora em licitações.

Ocorre que a SMB firmou acordo com o Ministério Público holandês e se comprometeu a desembolsar US$240 milhões em multas e ressarcimento. Afirmou que pagou US$250 milhões em propina ao redor do mundo. Desses, US$139,2 milhões foram destinados ao Brasil a título de "comissões" pagos a empresas de consultoria e a agentes públicos. Objetivos? Garantir contratos e informações privilegiadas sobre a estatal. Os subornos dados a dirigentes da estatal, especificamente, montaram a US$102,2 milhões no período de 2005 e 2011.

A SBM tinha oito contratos de afretamento de embarcações com a Petrobras cujo valor chega a US$20 bilhões e, diante das denúncias, o diretor de Exploração e Produção, José Formigli, defendeu que, se estas forem comprovadas, os contratos poderiam ser "corrigidos", mas, a priori, não rompidos.[14]

Fatos morais relevantes	Qualificação
Propinas pagas pela SBM a funcionários da Petrobras e auditorias internas na petroleira nada constataram.	Práticas parciais.
Suspensão da participação da SBM em licitações.	Prática altruísta restrita.

De forma oposta à manifestação da presidente Graça Foster, a revelação de corrupção na Petrobras não "estarreceu" a opinião pública, porque esta já se encontrava devidamente instruída pelas inúmeras denúncias que pipocavam desde 2012 e que envolviam quantias bilionárias em dólares.

[14] CASADO, J.; ORDOÑEZ, R.; ROSA, B.; MENDES, K.; WERNECK, A.; HERDY, T. Propinas para a plataforma da Petrobras chegaram a até 10%. *O Globo*, 14 dez. 2014. Disponível em: <http://oglobo.globo.com/brasil/propinas-para-plataformas-da-petrobras-chegaram-ate-10-14829376#ixzz3LxTKQNWa>. Acesso em: 10 nov 2015.

Entre elas, as irregularidades na compra da refinaria de Pasadena, com prejuízo de US$792 milhões, segundo o Tribunal de Contas da União;[15] o custo da obra do Complexo Petroquímico do Rio de Janeiro, em Itaboraí, orçado inicialmente em US$6 bilhões e que, segundo o TCU, passou para US$30,5 após alterações no projeto; a construção da refinaria Abreu e Lima em Pernambuco, orçada inicialmente em US$2,5 bilhões e cujo custo alcançou US$18,5 bilhões também após alterações no projeto.[16]

Essas práticas corruptas são naturalmente parciais, particularistas e criminosas, beneficiando empresários, parlamentares, quadros políticos, tecnocratas e intermediários em detrimento do dinheiro público e, portanto, de toda a população brasileira.

Suspender a participação da SMB em futuras licitações foi uma medida imperiosa, embora cautelosa, porque não interessava a Petrobras romper de imediato os contratos das plataformas para não prejudicar a produção de petróleo. Anunciou-se, ainda, que comprovadas as denúncias haverá um processo de "correção" dos valores dos contratos. É o mínimo que se poderia exigir, mas é ainda claramente insuficiente para enquadrar a decisão na teoria ética da responsabilidade. Porque seria preciso acrescentar multas (até 100% dos danos causados) e, sobretudo, exigir o ressarcimento dos valores cobrados a mais, a exemplo do acordo assinado pela SMB com o Ministério Público holandês. Mais ainda: caberia sobretudo, além de fixar rigorosas regras de *compliance* para evitar situações futuras da mesma cepa, punir de modo exemplar todos os envolvidos, beneficiários e corruptores, única forma de inibir reincidências e de fortalecer as instituições democráticas.

Ressarcimento às estatais lesadas

Em agosto de 2015, no bojo da Operação Lava Jato que desvendou um dos mais tenebrosos casos de corrupção da história brasileira – o saque à Petrobras –, foram divulgados dois acordos de leniência assinados por uma das maiores empreiteiras do País – a Camargo Corrêa –, importando em uma multa total de R$804 milhões a título de ressarcimento por prejuízos causados à sociedade.

---

[15] Agência TCU. *TCU identifica dano em compra da refinaria de Pasadena pela Petrobras*. 24 jul. 2014. Disponível em: <http://portal2.tcu.gov.br/portal/page/portal/TCU/imprensa/noticias/detalhes_noticias?noticia=5101222>. Acesso em: 10 nov. 2015.

[16] BRANDT, Ricardo; MACEDO, Fausto. Onze executivos integram 1º pedido de condenação. *O Estado de S. Paulo*, p. A6, 23 nov. 2014.

O primeiro acordo foi firmado com o Conselho Administrativo de Defesa Econômica (CADE), órgão antitruste do governo federal, e o Ministério Público Federal, no âmbito das obras da usina Angra3. Implicou o pagamento de multa de R$104 milhões. Nele, a empreiteira admite "condutas anticompetitivas" no mercado de obras civis e montagens industriais. Ademais, se compromete a colaborar com as investigações deflagradas na Lava Jato para identificar e corrigir irregularidades. Para tanto, entregou ao CADE documentos que expõem as entranhas do cartel montado no setor de óleo e gás.[17]

O segundo acordo foi firmado com o Ministério Público Federal e correspondeu ao ressarcimento de R$700 milhões que serão destinados às estatais prejudicadas. Nele, a empreiteira reconheceu a prática de cartel, fraude à licitação, corrupção e lavagem de dinheiro. E, daí em diante, obrigou-se a implantar mecanismos modernos e eficazes de compliance com claras regras de combate à corrupção.

A força-tarefa da Lava Jato declarou em nota: "Este acordo estabelece um novo paradigma no direito brasileiro, obediente ao sistema implantado pela legislação contra a corrupção, contra os ilícitos econômicos e lavagem de dinheiro, e alinha-se à prática dos melhores sistemas jurídicos do mundo. O acordo atende ao interesse público por diminuir a litigiosidade judicial, por alcançar o mais rapidamente possível a recomposição do patrimônio público, por diminuir os custos do Judiciário com procedimentos judiciais longos e inefetivos e pela produção de informações e provas novas sobre crimes relacionados também a outras empresas, potencializando o ressarcimento ao erário . (...) A empreiteira se obrigou ainda a entregar novas informações e a produzir provas sobre os crimes. As provas trazidas pela empresa serão utilizadas para demonstrar crimes cometidos por outras empresas, especialmente os crimes de fraude à licitação e cartel, bem como por agentes públicos e operadores ilegais do mercado financeiro".

O Ministério Público Federal anunciou que, embora não mais vá aplicar sanções de improbidade administrativa em relação aos ilícitos reconhecidos pela empresa, o acordo não impede que as estatais fraudadas processem a empreiteira por eventuais danos. Ademais, uma vez que os principais diretores implicados nos crimes assinaram ou negociam acordos de colaboração individuais, nos quais se submetem a penas criminais, o MPF deixará de oferecer acusação criminal contra eles.

---

[17] CHAPOLA, Ricardo; MACEDO, Fausto; BRANDT, Ricardo. Construtora Camargo Corrêa admite cartel no setor de Óleo e Gás e paga R$ 104 mi. *O Estado de S. Paulo*, p. A18, 20 ago. 2015.

O ex-presidente da empreiteira, Dalton dos Santos Avancini, e Eduardo Leite, ex-diretor vice-presidente da empresa, pegaram 15 anos e dez meses de reclusão e estão em prisão domiciliar por terem feito delação premiada.[18]

Fatos morais relevantes	Qualificação
Cartel frauda licitações, corrompe agentes públicos e lava dinheiro.	Práticas parciais.
Acordos de leniência garantem multas milionárias, desvendam esquemas criminosos e conferem agilidade às sanções judiciárias contra os implicados.	Práticas altruístas imparciais.

A teoria ética da responsabilidade legitima amplamente os acordos de leniência e as delações premiadas, à medida que constituem males necessários — já que reduzem ou extinguem algumas penas dos inculpados. Males que têm o condão de rasgar abscessos purulentos da corrupção endêmica que acomete o Brasil ao acelerar sobremaneira as apurações, desbaratar quadrilhas, elucidar complexos sistemas de lavagem de dinheiro, reconhecer conexões secretas entre corruptores e corruptos, instalar nas organizações criminosas o risco da traição por parte de algum de seus integrantes, comprometer publicamente a reputação dos agentes econômicos e dos agentes políticos implicados, diminuir os custos do Judiciário e agilizar suas sentenças, além de ressarcir os cofres públicos com multas e indenizações. Nisso tudo há inegável interesse público, pois são medidas que contribuem para o bem comum (bem maior).

Multando o abuso

O Código de Defesa do Consumidor (CDC) é taxativo: considera a venda casada uma prática abusiva, quer dizer, o vendedor não pode condicionar a venda de um produto ao fornecimento de outro produto ou serviço sem o desejo expresso do consumidor.

Ora, seis grandes redes varejistas foram multadas em cerca de R$29 milhões pelo Ministério da Justiça, porque incluíam irregularmente na venda de seus produtos variados seguros (de garantia estendida, de vida, de desemprego), bem como títulos de capitalização, cupons para sorteios e até mesmo planos odontológicos.

[18] AFFONSO, Julia; MACEDO, Fausto; BRANDT, Ricardo. Camargo Corrêa vai devolver R$700 milhões, diz Lava Jato. *O Estado de S. Paulo*, p. A3, 21 ago. 2015.

Três redes de varejo (Casas Bahia, Magazine Luiza e Ponto Frio) receberam multas no valor de R$7,2 milhões cada uma, e outras três (Ricardo Eletro, Lojas Insinuante e Fast Shop) foram autuadas no valor de R$2,4 milhões cada uma. As multas serão destinadas a programas em defesa do meio ambiente, do patrimônio público e dos consumidores.[19]

Fatos morais relevantes	Qualificação
Vendas casadas por parte de seis redes de varejo.	Práticas parciais.
Multas aplicadas pelo órgão competente, destinadas a programas de interesse público.	Práticas altruístas imparciais.

Ludibriando a boa-fé de muitos consumidores, as seis redes varejistas agregaram serviços não solicitados aos produtos vendidos. Um acinte, à medida que essa atitude deliberada e particularista lesou os clientes. De maneira que, depois de realizada minudente investigação, as multas impostas pelo Ministério da Justiça foram merecidas, caracterizando-se como altruístas imparciais. Há consonância, aqui, entre a aplicação da legislação vigente e a aplicação da teoria ética da convicção.

Ruim de bolsa, boa de bolso

A revista EXAME fez um levantamento com base nos números de quarenta empresas abertas, cujas ações estão entre as mais negociadas na bolsa, e observou que, embora vinte delas tenham sofrido prejuízo em 2012, 13 pagaram aos diretores e conselheiros bônus anual ou participação nos resultados. O contraste é o seguinte: as 13 empresas tiveram prejuízo acumulado de R$14 bilhões, mas distribuíram em média R$6,4 milhões para seu grupo de diretores!

Isso significa que há clara descasamento entre os resultados financeiros das empresas e a política de remuneração dos gestores. Ora, como estabelecer sintonia entre os interesses dos acionistas e os dos executivos? Quem sabe premiando quem cumpre as metas? Esta ideia, cristalina e lógica, funciona quando a empresa dá lucro. Mas, e quando a empresa entra em crise ou dá prejuízo, como fica? Como reter bons profissionais?

[19] Multando o abuso. *O Estado de S. Paulo*, Notas e Informações, p. A3, 21 fev. 2015.

Escreve Maria Luiza Figueiras: "Os últimos dois anos não foram fáceis para a incorporadora Gafisa. A empresa teve um prejuízo somado de mais de 1 bilhão de reais em 2011 e 2012. Teve de cancelar obras, adiar lançamentos e devolver o dinheiro de clientes. O período também foi péssimo para os acionistas: os papéis valem 69% menos do que no início de 2011. Investidores não receberam dividendos nesse período.

O mesmo não se pode dizer dos executivos. O salário médio dos seis diretores passou de 1,8 milhão de reais por ano para 3,6 milhões. Em 2012, eles ganharam mais 10,4 milhões em bônus por resultados. No início deste ano, a empresa presidida por Alceu Duílio Calciolari continuou no prejuízo e os diretores ganharam mais 5 milhões.

Os investidores chiaram. 'Vendemos as ações que tínhamos porque a política de bonificação claramente não está alinhada aos interesses dos acionistas', diz Rafael Rodrigues, diretor de renda variável da gestora Rio Bravo, que vendeu cerca de 40 milhões de reais em ações da Gafisa. A Gafisa diz que os valores foram aprovados pelos conselheiros e pela assembleia de acionistas".

Seria uma solução pagar bônus a quem cumpre o orçamento e não em função do incremento dos resultados financeiros? Ou, quem sabe, aumentar os salários sem desembolsar bônus? As empresas, afinal, correm o risco de perder seus melhores profissionais.

"A empresa precisa achar um equilíbrio entre premiação anual e estímulo por resultados de longo prazo", diz Carlos Eduardo Brandão, conselheiro do Instituto Brasileiro de Governança Corporativa. "Isso depende do ciclo de negócios de cada empresa."[20]

Fatos morais relevantes	Qualificação
Descasamento entre a remuneração ou a bonificação dos gestores e os resultados obtidos pelas empresas, bem como descompasso com os dividendos dos acionistas.	Práticas parciais.
Implantação de políticas "equilibradas" de remuneração e de incentivo.	Práticas altruístas restritas.

[20] FIGUEIRAS, Maria Luiza. Mesmo no prejuízo, empresas dão bônus milionários. EXAME, 2 out. 2013. Disponível em: <http://exame.abril.com.br/revista-exame/edicoes/1050/noticias/ruim-de-bolsa-boa-de-bolso>. Acesso em: 10 nov. 2015.

Dois fatos são incontestáveis: nem sempre os gestores atuam alinhados com os interesses dos acionistas e, em muitas ocasiões, agem em defesa de interesses próprios que se diferenciam dos interesses de seus patrões. Por exemplo, tendem a consolidar e ampliar seus *fringe benefits* em detrimento dos interesses dos acionistas ou dos quotistas, os proprietários efetivos do negócio. Derrapam insensivelmente no particularismo por meio de inúmeras práticas parciais, o que suscita um leque de graves questões éticas.

O que são os *fringe benefits*? Literalmente, mordomias ou benefícios adicionados ao salário-base: bônus anual, opções de ações, seguros variados, pacotes de aposentadoria, incentivos de longo prazo, ações restritas ou negociáveis após determinado período, ações por desempenho e outras tantas regalias que correspondem a uma espécie de salário indireto, tais como o usufruto de bens de prestígio ou o acesso a privilégios exclusivos que as empresas proporcionam. Isso sem contar as luvas pagas para efetivar a contratação, as garantias asseguradas em caso de demissão e as compensações em caso de fusão.

Dito isso, é instrutivo ver como se gesta o "ovo da serpente" ou como ganha corpo um regime tirânico; vale a pena conhecer a problemática que opõe estruturalmente proprietários e gestores. De fato, no processo de crescimento de toda empresa, a crescente complexidade das atividades acarreta duas separações: a primeira distingue a propriedade (detida pelos donos) e a gestão (atribuída aos gestores); a segunda distingue a gestão e a execução (incumbência dos trabalhadores). Como fica então a consagrada divisão do trabalho entre empresários e trabalhadores no mundo capitalista? Encontra-se suplantada por uma distribuição tripartite: proprietários, gestores e trabalhadores. Essas três classes de agentes, ainda que pareçam ser vasos comunicantes e interdependentes, ocupam posições distintas, desempenham atividades estruturalmente dessemelhantes, constituem entidades cujas especificidades não podem ser baralhadas.

É nesse caldo de cultura que brota a ambiciosa oligarquia que assombra os detentores da propriedade. Afinal, como assegurar que as estratégias e as práticas adotadas pelos gestores sejam as melhores no longo prazo para os donos? Como ter certeza que as decisões tomadas por esses prepostos maximizarão os lucros e contribuir para a perenidade do negócio? Como garantir o alinhamento entre os interesses de uns e de outros? Como conter os desmandos ou as fraudes cujos custos, ao fim e ao cabo, serão suportados por quem aportou o capital? Pior: como evitar que a margem de autonomia concedida aos gestores — as atribuições outorgadas, vicárias — se convertam em independência de movimentos?

Em paralelo, os gestores vivenciam uma situação anfíbia: administram como cérebro pensante um empreendimento que não lhes pertence; tratam o negócio como se fosse deles, mas dependem do aval de seus empregadores para permanecer no comando; movimentam-se nos limites formais que os donos lhes impingem e tentam, o tempo todo, se desvencilhar das amarras que os sufocam — monitoramentos burocráticos, cerceamentos de suas atribuições, metas ambiciosas em demasia, exigências voluntaristas quanto à distribuição de dividendos, estratégias de negócio tiradas da cartola, requisições de auditorias, e assim por diante. Daí o choque agudo de perspectivas.

Um incessante desassossego espicaça os gestores. Ameaçados por investidores, acionistas ou quotistas, que exigem resultados cada vez mais lustrosos, e acossados por trabalhadores, que pleiteiam maiores vencimentos e melhores condições de trabalho, veem-se prensados pelas hastes impiedosas de uma pinça. Não obstante isso, consideram-se o "sal da terra" e, por isso mesmo, lamentam em surdina duas coisas: não deter efetivamente o poder nas empresas (já que apenas o exercem) e não possuir efetivamente a propriedade (já que acedem tão somente à parte do excedente). Eis por que, de forma explícita ou furtiva, se perguntam seguidamente: por que não se livrar dessa camisa de força? Por que não se libertar dos grilhões impostos por quem não põe a mão na massa, não sofre as agruras do dia a dia, mas detém o direito de se apropriar dos lucros e de gozar de suas benesses? Em outras palavras: mordidos pela mosca azul, os gestores passam a sonhar com o pleno domínio dos poderes patronais e de seus frutos. Cenário esse cujos riscos e vantagens eles conhecem de forma lateral, vez que muitos possuem empregados domésticos.

Acontece que, sendo eles tomadores de decisões e, portanto, figuras eminentemente políticas, competem entre si por outros vetores de poder além da remuneração e dos incentivos materiais. Quais sejam: disputam posições hierárquicas sempre mais altas; almejam cargos que incorporem mais atribuições ou maior autonomia de ação; anseiam por funções que abarquem maior espaço de atuação ("território") ou maior número de subordinados ("galera"); se digladiam por mais recursos orçamentários ou por participações em comitês superiores (de planejamento, de orçamento, de auditoria, de risco, de ética, de recursos humanos, de sustentabilidade, de prevenção de lavagem de dinheiro etc.); ficam lisonjeados quando acedem a informações qualificadas ou à lista de circulação de artigos técnicos, relatórios ou estudos restritos. Despendem horas preciosas em "jogos de poder", lembrando as velhas cortes aristocráticas em que a astúcia, a bajulação e a dissimulação pontificavam. Não nos enganemos, porém, essas disputas intestinas não anulam o embate maior que os gestores travam com os proprietários para mudar seu estatuto subalterno e consagrar seu próprio protagonismo.

Nas empresas em que o dono deixou de ser o centro de gravidade no dia a dia, a concorrência com os proprietários pelo controle efetivo da gestão chega ao auge e envereda, secretamente, para o controle da propriedade. Melhor dizendo, quando os proprietários resumem sua atuação ao papel formal de acionistas, abrem-se vias régias para que os gestores tentem expropriá-los. O mais curioso é que, para atingir tal propósito, os gestores lançam mão dos recursos organizacionais que lhes foram confiados e se valem da margem de discricionariedade que lhes foi conferida.

Grave é quando chegam às últimas consequências. Não só definem o leque de mordomias e o próprio plano de remuneração, mas promovem uma autêntica revolução. A "revolução de gestores" consiste em dois movimentos distintos: usurpa-se a detenção do poder, expropriando os meios de produção política, e converte-se a propriedade privada em propriedade corporativa, expropriando os meios de produção econômica. Esse processo se desenrola no seio das grandes corporações burocráticas, a exemplo do que aconteceu em nível macrossocial. Lembremos as revoluções comunista e fascista, bem como as ditaduras estatistas de cepa militar ou clerical, que convulsionaram muitos países europeus, asiáticos, africanos e latino-americanos no século passado. Assim como na fábula em que contracenam a formiga e a cigarra, os gestores reeditam *mutatis mutandis* a luta travada pelos burgueses mercantis e manufatureiros (ativos e produtivos) contra a nobreza cortesã (inativa e parasitária) dos séculos XVII em diante — luta que culminou nas "revoluções burguesas".

Recapitulando, as grandes empresas institucionalizam a separação entre a gestão e a propriedade, notadamente quando há pulverização das ações em mãos de um vasto público de pequenos acionistas. Tal conformação atualiza, no âmbito das empresas, a chamada "lei de ferro da oligarquia" de Robert Michels (originalmente detectada em partidos políticos e sindicatos).[21] De fato, os gestores tendem a neutralizar o poder de controle dos acionistas ao reduzi-los a donos nominais e caminham sorrateiramente em direção à usurpação da propriedade econômica. Quando isso acontece,

[21] MICHELS, Robert. *Sociologia dos Partidos Políticos*. Brasília: Universidade de Brasília, 1982.

o caráter privado, individual e pleno de propriedade capitalista transforma-se em propriedade corporativa, partilhada e condicional, a exemplo da propriedade estatista detida pela nomenclatura soviética.[22]

Em síntese: os gestores ficam sempre à espreita, prestes a dar um "golpe de Estado" no seio das corporações empresariais como foi patente na crise de 2001-2002 (crise das fraudes contábeis e financeiras cujos protagonistas foram a Enron e a WorldCom), bem como na crise de 2008 (crise do *subprime* cujos protagonistas foram o banco Lehman Brothers, a seguradora AIG e as agências hipotecárias Fannie Mae e Freddie Mac). Vale sublinhar que os gestores foram pouco afetados nessas crises (salvo os executivos apanhados em flagrante delito e condenados pela Justiça), não obstante o fato de que o prejuízo coubesse aos acionistas e investidores. Daí a contundente reação do presidente norte-americano, Barack Obama, em 2009, indignado com os bônus milionários pagos aos administradores que quebraram as próprias companhias – manifestação especialmente endereçada aos dirigentes da AIG e repercutida mundialmente.[23]

No limite, a silenciosa conspiração capitaneada pelos gestores pode dar curso a uma revolução corporativista, repaginando no plano das organizações o assalto ao poder praticado pelo fascismo e pelo comunismo no plano das nações. Esse combate, subterrâneo e ininterrupto, mina o terreno em que se move a governança corporativa.

Diante de tantas e de tamanhas evidências empíricas de dissídio e facciosismo, como poderiam os proprietários se precaver contra o risco moral representado pelos gestores? Como garantir, afinal, sua lealdade? Uma tentativa consiste em lhes conceder incentivos, em um esforço de os tornar "sócios menores" dos negócios. Os proprietários imaginam que tal providência possa frear as inclinações emancipacionistas e – por que não o dizer? – subversivas de seus "homens de confiança". Também institucionalizam redes e mecanismos de controle de variados tipos e abrangências: organizam linhas de defesa formadas por oficiais de *compliance* ou de controles internos, por auditores internos e externos, todos eles destinados a desempenhar o papel de "olhos e ouvidos do Rei". Para coroar o processo, estabelecem o sistema de governança corporativa, um conjunto complexo

[22] Para a plena compreensão dos diferentes tipos de propriedade econômica ver, do autor, *Modos de Produção: Elementos da Problemática*. Rio de Janeiro: Edições Graal, 1978, e, para uma análise comparativa dos diferentes tipos de economia, ver, do autor, *Poder, Cultura e Ética [...]. Op. Cit.*, capítulo sobre "Sistemas de regulação e economias" (no site da Editora Elsevier ou na 2ª edição do livro).

[23] FARIA, Ana Rita. Obama vai procurar alternativas legais para bloquear bónus dos executivos da AIG. *Público*, 7 mar. 2009. Disponível em: <http://www.publico.pt/economia/noticia/obama-vai-procurar-alternativas-legais-para-bloquear-bonus-dos-executivos-da-aig-1369629>. Acesso em: 10 nov. 2015.

de controles e incentivos a cargo de vários comitês diretamente subordinados ao Conselho de Administração. Tudo isso com o intuito de alinhar os interesses dos gestores aos deles, acionistas, e para assegurar a confiabilidade da gestão contra os abusos de poder.

Contudo, pergunta-se: seria o bastante? Até mais ver, não parece. A não ser que os acionistas assumam pessoalmente posições de mando e que, para reinar soberanos, se empenhem em dividir os gestores entre si.[24]

[24] Ver, do autor, "Risco moral nas empresas e azares dos Códigos de Ética", In: CANDELORO, Ana Paula P.; BENEVIDES, Marilza M. (coord.). *Governança corporativa em foco: inovações e tendências para sustentabilidade das organizações*. São Paulo: Saint Paul Editora, 2014. p. 47–69.

> "Na sociedade civilizada, o mérito jamais o servirá tão bem como faz o dinheiro. Cada um pode fazer o experimento por si. Vá até a rua e ofereça a um homem uma preleção sobre moralidade, a outro um *shilling*, e daí observe qual dos dois o respeitará mais.
>
> **Samuel Johnson**"

6 Estudo de casos: o que fazer?

Em oposição ao senso comum

Capitulamos a asserção de Samuel Johnson como tirada espirituosa porque, se a levarmos a sério, todo mundo estaria propenso a vender-se por dinheiro e não haveria razões plausíveis para agir de forma eticamente orientada. É bem verdade que, de forma geral, os agentes sociais sempre procuram satisfazer interesses próprios. Para tanto, porém, não precisam necessariamente prejudicar outrem. Ao contrário do que pensa uma sabedoria de botequim, nem todas nossas ações têm caráter egoísta. Certamente, gastamos boa parte de nosso tempo satisfazendo nosso autointeresse, mas isso não prejudica os outros – autointeresse e egoísmo não se confundem como sabemos – e cometemos dezenas de microações altruístas sem nos darmos realmente conta disso. Se assim não fosse, ficaríamos à míngua e ninguém acorreria para minorar nossos dissabores ou contribuiria para sanar nossas carências.

Façamos um experimento mental. Pensemos na situação hipotética de alguém agindo o tempo todo abusando da boa vontade alheia, parasitando os outros, tirando vantagem de todos aqueles que ele cruzar pela frente. O quanto prosperará sem impedimentos? Quanto tempo sobreviverá "aprontando"? Não muito, a não ser que surpreenda novos círculos sociais a cada dia que passa. Além do mais, uma sociedade inteiramente constituída por parasitas é funcionalmente improvável, pois não sobraria ninguém a parasitar, se não bocas vorazes à cata de vítimas inexistentes.

De outra parte, vamos e convenhamos: a moralidade não se reduz a exortar as pessoas a cometer boas ações ou a apelar para o bom-mocismo. Tampouco decorre de alguma epifania. Para sermos gregários não é preciso que baixe o santo. O fato de vivermos juntos decorre de nossa vulnerabilidade humana, faz parte de nossa própria natureza. Os processos de cooperação e de solidariedade são funções vitais para a existência das coletividades de *homo sapiens*: são imperativos *sine qua non*, não apenas estratégias de sobrevivência; são fatores indispensáveis para enfrentar ambientes inóspitos e a eventual hostilidade de outros humanos. Nessa mesma medida, os mecanismos de autodefesa e as sanções negativas acionadas quando da ocorrência de abusos particularistas fazem parte das condições evolutivas da espécie. Vale dizer: as predisposições a cometer o bem e o mal são inerentes à condição humana e, de forma inextricável, se imbricam — forças agregadoras coabitam contraditoriamente com forças desagregadoras.

As lamúrias de que o dinheiro — a encarnação de Satanás — é a mola mestra de todas as atividades humanas e pode comprar quem quer que seja remete mais ao discurso do senso comum do que ao conhecimento sociológico. Porque as "moedas" que costumam subverter as consciências, afetando convicções e redefinindo condutas, são muitas e de múltiplas naturezas. Não se reduzem a "dinheiro". Vão das "espúrias" às "honradas": drogas, jogos de azar, sexo, álcool, adrenalina do risco, poder, fama, ascensão na carreira, apego à posição, preservação do patrimônio, prestígio, crenças religiosas, ideologia política, trabalho voluntário, lealdade filial, fidelidade aos amigos, realização pessoal, segurança da família, perseguição de um ideal etc. Posto isso, seria possível afirmar sem pestanejar que um jihadista abdicaria de sua militância insana por 30 dinheiros? Que, diante de proposta indecente, todo filho aceitaria prostituir a própria mãe, todo irmão a irmã, todo marido a esposa, todo pai a filha? Sejamos realistas, até a pilantragem tem limites.

Por fim, ainda que se aceite que todo mundo tenha um "preço", a pressuposição só faz sentido em termos virtuais. Por quê? Porque nem todos estão ao alcance do canto das sereias. Ou, dito de forma crua e sem rodeios: muitos não são corrompidos porque não vale a pena suborná-los! Vender a alma por dinheiro é para aqueles poucos que têm valores significativos a dar em troco.

Brincadeiras à parte, há muita gente que preza a própria dignidade e não transige diante de ofertas pecuniárias, ainda que esteja exposta a tentações. A desonestidade não é o destino inelutável de todos nós. Se assim não fosse, não haveria sociedade que se mantivesse coesa. Para operar, as coletividades cultivam o respeito entre seus membros e o asseguram (se não, teríamos a guerra de todos contra todos) e procuram inspirar relações de confiança que tornem previsíveis as condutas. No dia a dia, após breve checagem, confiamos no médico que consultamos, no farmacêutico que avia nossas receitas, no pão que comemos e na água que bebemos, no contador que cuida de nossas contas ou no advogado que nos presta assistência jurídica, na companhia aérea com a qual viajamos, no banco em que depositamos nossos recursos, na escola que educa nossos filhos, e assim por diante. Sem esses múltiplos créditos de confiança, viver se tornaria simplesmente impraticável.

As sociedades, afinal de contas, não são meras abstrações. Estão presentes em nosso cotidiano por meio dos inúmeros equipamentos e serviços de que nos servimos: iluminação pública, delegacias de polícia, corpo de bombeiros, serviço de ambulâncias, engenharia de tráfego, tratamento de esgoto, água encanada, distribuição de energia elétrica, parques públicos, rodovias, correios, meios de comunicação, vigilância sanitária... Ademais, suas forças se tornam perceptíveis nos movimentos coletivos, nas greves ou nos *lockouts*, na flutuação das tendências eleitorais, nas reações de seus membros quando se sentem injuriados e clamam de indignação nas redes sociais ou nas manifestações de rua. A título de exemplo, lembremos os escândalos maiúsculos de corrupção no Brasil recente: o "mensalão" (compra de parlamentares da base aliada para apoiar o governo Lula) e o "petrolão" (desvios bilionários de recursos da Petrobras para sustentar o PT e seus aliados nos governos Lula e Dilma Rousseff). Lembremos as ondas gigantescas de repulsa e de civismo que provocaram.

Aplicações práticas

Avancemos em nosso esforço de elucidar as tomadas de decisão éticas com base em mais estudos de casos.

Sem concessão?

Um aluno do terceiro ano do ensino médio de uma escola privada - bolsista, porque filho de professor - foi acusado de ter repassado drogas a colegas, o que era terminantemente proibido pela escola. Enquanto outros suspeitos negaram com veemência ter cometido a transgressão, ele foi o único a assumir a culpa e se disse sinceramente arrependido. A ponto de verbalizar, quando instado pela Direção a dizer qual sanção deveria sofrer: "A regra é a regra e eu deveria ser expulso".

Os membros da Diretoria admiraram sua coragem e reconheceram que o aluno estava se comportando com dignidade. Mas, apesar da compaixão que despertou, decidiram consensualmente que não havia como abrir uma exceção e que a expulsão do colégio se impunha.

Quatro meses depois, o pai - responsável pelo espetáculo de encerramento do ano - convidou a própria família para assistir à peça que seria encenada. Solicitou autorização à Diretoria para convidar o ex-aluno, seu filho, já que toda a família estaria presente. O dilema estava posto: permitir ou não a entrada dele?

Os diretores se dividiram em duas correntes. Uma se opunha à entrada do ex-aluno, dadas as circunstâncias de sua expulsão. A outra ponderou que não cabia converter a sanção em uma espécie de exílio para todo o sempre e que, mediante algumas precauções – supervisão da mãe e responsabilização do pai por qualquer conduta inapropriada –, faria sentido permitir a entrada do aluno como espectador.

O que decidiram?

Fatos morais relevantes	Qualificação
Aluno assume responsabilidade de ter repassado drogas e é punido com a expulsão da escola; permissão ou interdição da entrada do aluno para assistir a um espetáculo dirigido pelo pai-professor.	Práticas altruístas restritas.

De um lado, advogou-se a teoria ética da convicção, vedando qualquer concessão e operando com base na tolerância zero. De outro lado, fez-se a leitura dos riscos calculados da teoria ética da responsabilidade, tolerando excepcionalmente a presença do moço em um evento festivo. Insistiu-se que cautelas deveriam ser tomadas para rebater o argumento aventado de que, se o ex-aluno quisesse se vingar, poderia usar alguma artimanha para esconder drogas no banheiro e postar a "denúncia" nas redes sociais.

Desfecho? Após um criterioso exame, a Diretoria decidiu barrar a presença do ex-aluno. A teoria ética da convicção prevaleceu no momento da expulsão e também ao barrar seu acesso à escola para ver a peça dirigida pelo pai. Foram decisões que não deixam margem a dúvidas e que são pouco questionadas pelos pais. Cometida a infração – grave, diga-se de passagem –, não há por que contemporizar, a punição se impõe sem indulgência (tolerância zero).

Ponderou-se, porém: será que essas medidas punitivas levam em conta o futuro do ex-aluno? Não converteriam as consequências do ato cometido em estigma insuperável? Não seria mais sábio – e educativo – abrir-lhe um crédito de confiança e permitir que assistisse à peça, em vez de o segregar? Será que isso não incentivaria sua honestidade intelectual e não o ajudaria a superar o tropeço anterior?

Muitos diretores titubearam diante de argumentos tão polarizados, mas acabaram optando pela via mais segura de não assumir riscos, não provocar polêmica evitável. Todavia, se tomassem a "decisão responsável", seriam eles considerados antiéticos? Não o seriam do ponto de vista científico, mas poderiam ser incompreendidos por muitos pais, que exigiriam explicações e mereceriam ser persuadidos.

Eis aí um sério desafio no campo da tomada de decisão ética: a teoria ética da convicção detém a hegemonia discursiva, porque permeia a moral da integridade brasileira, assim como a quase totalidade das demais morais no mundo. Seu processo decisório, maniqueísta, parece natural e não requer maiores deliberações. Não é o caso das decisões orientadas pela teoria ética da responsabilidade. Cada uma delas precisa ser metódica e sistematicamente explicitada, sem o quê sua legitimidade é posta em xeque. Paciência de Jó.

Os azares da vida

José Augusto é um jovem engenheiro de produção que se destaca no setor comercial de uma indústria de equipamentos especializados em refrigeração. Seus contatos profissionais lhe proporcionam vários convites, em especial um para gerenciar as vendas de uma empresa que opera na área de gás e petróleo. O desafio é enorme, o salário convidativo e as comissões polpudas. Ele aceita a proposta e muda de São Paulo para o Rio de Janeiro, onde conhece uma moça formada em administração de empresas que trabalha no private de um importante banco. O namoro dos dois rapidamente se converte em noivado e eles começam a fazer planos. Compram juntos um apartamento e a noiva vai mobiliando as três peças com o que há de bom e de melhor.

Pés no chão, José Augusto reluta muito em contrair as dívidas que estão sendo feitas, mas acaba cedendo ao jeito despachado e audacioso da noiva. Ela ganha bem e tem certeza de que ganhará cada vez mais, assim como ele que está indo de vento em popa.

Um problema, no entanto, inquieta sobremaneira José Augusto. Tendo superado os obstáculos iniciais que todo gerente novo tem – o de ser aceito pela "velha guarda" e, sobretudo, o de ser respeitado por sua competência técnica –, ele se depara com uma descoberta desagradável: um dos vendedores, genro de uma vice-presidente da empresa, dava propinas para fechar negócios de grande porte. O pior é que três de seus dez vendedores faziam o mesmo.

Recorrendo ao manual de políticas e procedimentos da empresa, José Augusto constata com todas as letras que "a empresa se compromete a fazer a coisa certa o tempo todo e fornece a seus clientes o melhor produto aos melhores preços". Embora não houvesse uma expressa proibição do suborno, ele verifica que a prática ocorria principalmente em épocas de vacas magras e que essa concorrência desleal no mercado reduzia a qualidade do produto final e ocasionava sobrepreços.

Decidiu então conversar francamente com o genro da vice-presidente, que lhe relatou que isso era "normal no setor", já que as vendas eram principalmente destinadas a empresas estatais. Acrescentou que a alta direção estava a par desse "velho jeito de fazer as coisas". Além do mais, disse duas coisas: a primeira é que os "agrados" eram condição sine qua non para fechar negócios; a segunda é que não havia prejuízo à empresa, uma vez que as propinas saíam de sua própria comissão. Por fim, arrematou:

"É um jogo de ganha-ganha". Era uma leitura estapafúrdia, pois, nesse tipo de acerto, alguém sempre saía perdendo, a começar pela empresa compradora.

José Augusto pensou em ter uma conversa com a vice-presidente, mas logo desistiu, ao saber que ela costumava "matar o mensageiro das más notícias". Mulher irascível e autossuficiente, posava de "mandachuva" na empresa e ninguém se atrevia a desafiá-la. Comentava-se à boca pequena que era amante do sócio controlador do negócio, um velho tycoon com jeito ranzinza e matreiro. Nessa altura, não parecia sensato a José Augusto confrontar-se com ela, pondo a cara para bater.

Para piorar o cenário, não existia um canal de denúncia na empresa ao qual ele pudesse recorrer e, mesmo que tivesse, inteirou-se que qualquer queixa era recebida pela direção com desdém e que o queixoso podia sofrer duras retaliações.

Em uma noite de especial desânimo, José Augusto mal começou a relatar seu caso a noiva, querendo desembocar na ideia de pedir demissão, quando foi surpreendido com uma notícia inacreditável: a vice-presidente havia entrado em contato com a noiva e pretendia fazer importantes aplicações no Banco em que ela trabalhava, precisamente através de seu intermédio! Estranhezas mil: como sabia de seus vínculos? Quanta coincidência entre sua conversa com o genro e suas averiguações sobre a vice-presidente!

Aturdido, José Augusto perguntou a si mesmo o que fazer da vida.

Fatos morais relevantes	Qualificação
Genro da vice-presidente suborna compradores (sem ou com a anuência da alta direção?).	Prática egoísta ou parcial?
José Augusto quer denunciar o fato, mas não enxerga canais adequados.	Prática altruísta restrita (tentativa).
José Augusto pensa em demissão.	Prática autointeressada.

José Augusto está a braços com vários problemas: dívidas contraídas, casamento marcado, uma noiva aparentemente pautada pela ânsia de ganhar dinheiro, um emprego em uma empresa que opera em um "setor prostituído" e que aceita de bom grado jogar segundo as regras espúrias de jogo, vendedores subordinados que não escondem suas manobras escusas, uma alta direção aparentemente conivente. Eis uma situação em que deixar o barco correr equivaleria a "vender a alma ao diabo". Esse caminho aparentemente mais cômodo poderia ser justificado com uma bateria de racionalizações antiéticas.

Depois de longa reflexão, José Augusto se abriu e relatou tudo à noiva. Lamentou ter sido tão ingênuo e de ter levado meses para se dar conta da barafunda em que havia se metido. Ela o escutou pacientemente e lhe disse com voz firme que ele podia contar com ela. Bela surpresa! Sugeriu ainda que projetassem os vários cenários possíveis para enfrentar o dilema.

A quais resultados chegaram? Para felicidade de José Augusto, a noiva não transigiu. Ele podia, desde logo, procurar novo emprego porque nenhum dos dois estava disposto a se acumpliciar nem embarcar em justificativas capengas (racionalizações antiéticas). Decidiram então suspender algumas compras feitas, renegociar dívidas já contraídas e adiar o casamento, porque a ideia de demissão não poderia ser descartada, quer fosse espontânea, quer fosse imposta, e as possibilidades de arrumar um emprego não podiam ser sobrestimadas.

Em seguida, raciocinaram que, após se munirem de provas do que estava ocorrendo na empresa, podiam pensar em "virar a mesa", à luz da razão ética. Por exemplo, dirigir-se ao presidente e contar-lhe tudo:

1) Apostar que ele não estaria a par das tramoias que estavam ocorrendo e torcer para que tomasse drásticas providências (hipótese muito pouco provável, diante da permissividade vigente e do "cacife político" da vice-presidente);

2) Propor-lhe transformar a companhia em uma empresa socialmente responsável (autêntico sonho de uma noite de verão);

3) Ameaçar o presidente com uma denúncia à imprensa, caso não houvesse uma guinada saneadora na empresa (chantagem que poderia provocar desdobramentos insuspeitos e incontroláveis).

Como isso tudo parecia ingênuo ou inviável, optaram por imaginar uma denúncia à Polícia Federal, ele servindo de agente infiltrado. Provável influência dos filmes de Hollywood... Outra impossibilidade prática. Por fim, após debater várias outras opções, tal como pegar seu boné e simplesmente ir embora, José Augusto decidiu colher provas, pediu voluntariamente demissão (alegando que vislumbrara uma oportunidade de negócio) e remeteu anonimamente o que sabia ao Ministério Público. Alto custo para sua vida pessoal, mas consciência em paz. Uma temeridade cidadã!

Ambas as teorias éticas poderiam ser aventadas para fundamentar a iniciativa do gerente de vendas, dado o caráter altruísta imparcial do encaminhamento: de um lado, deveres universalistas de integridade e idoneidade, e, do outro lado, fins universalistas na luta anticorrupção e defesa do interesse público com a coibição de práticas nocivas a empresas estatais. Rara coragem de dois moços que não temeram passar por agruras.

Manipulação de referenciais do mercado

Em função das investigações levadas a efeito por órgãos reguladores do Reino Unidos e dos EUA, referentes à manipulação da Libor (taxa interbancária de Londres, um juro de referência utilizado para corrigir US$300 trilhões em títulos, incluindo contratos de swap e financiamentos habitacionais), foram firmados acordos com uma dúzia de instituições financeiras. As multas importaram em US$6,5 bilhões.

Dois anos depois, secundados pela Suíça, cinco bancos foram multados em cerca de US$3,4 bilhões em decorrência de uma investigação, iniciada em 2013, sobre a manipulação de referenciais do mercado cambial. Os maiores bancos se uniram para determinar quanto pagar por moedas estrangeiras num mercado que gira em torno de US$5,3 trilhões por dia. O banco suíço UBS, que havia pago US$1,5 bilhão no acordo anterior, pagará mais US$800 milhões, o Citigroup pagará US$668 milhões, o JPMorgan Chase US$662 milhões, o Royal Bank of Scotland foi multado em cerca de US$634 milhões e o HSBC em US$618 milhões. Mais trinta bancos estão sendo investigados, entre os quais o Barclays em vias de assinar um acordo.

Dezenas de operadores de câmbio foram demitidos, acusados de não ter alertado seus superiores de que estavam compartilhando informações sobre ordens de clientes e de ter cobrado comissões excessivas dos clientes. Além do mais, em que pesem os acordos assinados, bancos e agentes permaneceram sujeitos a enfrentar mais sanções e litígios.

O jornal Valor Econômico relata que: "A Autoridade de Conduta Financeira do Reino Unido (FCA) disse que suas multas se referem a controles internos 'ineficazes' entre 1º de janeiro de 2008 e 15 de outubro de 2013, o que permitiu aos bancos colocar os seus 'interesses à frente dos de seus clientes, de outros participantes do mercado e de todo o sistema financeiro do Reino Unido'".[1]

[1] Bancos vão pagar US$3 bilhões em multas por manipular taxa de câmbio. *Valor Econômico*, 12 nov. 2014. Disponível em: <http://www.valor.com.br/financas/3776058/bancos-vao-pagar-us-3-bilhoes-em-multas-por-manipular-taxa-de-cambio#ixzz3Lc8UncN8>. Acesso em 13 nov. 2015.

Fatos morais relevantes	Qualificação
Manipulação por instituições financeiras da taxa interbancária de Londres e de referenciais do mercado cambial.	Práticas parciais.
Medidas punitivas adotadas contra operadores e multas aplicadas aos bancos por órgãos reguladores dos Estados Unidos, Grã-Bretanha e Suíça.	Práticas altruístas imparciais.

O setor financeiro tem primado por fraudes bilionárias. Nesse caso, o mercado mundial de câmbio teve seus referenciais manipulados por bancos que, de forma recorrente, enganaram e lesaram seus clientes, beneficiando-se inescrupulosamente às suas custas. Adotaram reiteradamente práticas parciais, portanto, abusivas e particularistas. Órgãos reguladores do Reino Unido, dos EUA e da Suíça investigaram e descobriram essa nova fraude, dois anos após terem firmado acordos com uma dúzia de instituições financeiras com respeito à manipulação da Libor, taxa interbancária de Londres. Reincidência criminosa.

As multas que foram impostas não excluíram outras sanções e processos, até criminais, que poderão ser promovidos pelo Departamento de Justiça norte-americano e por um órgão de combate a fraudes da Grã-Bretanha. Ao constatar que houve transgressão às normas, controles internos ineficazes, manipulação das taxas de referência e consequente lesão dos interesses dos clientes, os órgãos reguladores firmaram acordos com os bancos inculpados em que, além das pesadas multas, eles se comprometem a rever suas práticas e não mais repetir semelhante comportamento. Vale dizer, acionaram seu arsenal de punições à luz da teoria ética da convicção ao condenar os abusos e ao disciplinar seus autores sem condescendência, visando preservar o interesse público com base em normas previamente estabelecidas.

O anjo do gueto de Varsóvia

Durante a Segunda Guerra Mundial, Irena Sendler, uma ativista católica dedicada à ajuda humanitária, contribuiu para salvar mais de 2.500 adolescentes, crianças e bebês, ao os enviar para o seio de famílias católicas, para orfanatos, conventos ou fábricas. Além do mais, com risco da própria vida e a de seus vinte colaboradores, levava alimentos, roupas e medicamentos às pessoas aprisionadas no gueto.

Quando a Alemanha nazista invadiu o país em 1939, Irena era assistente social no Departamento de Bem-Estar Social de Varsóvia, trabalhava com enfermeiras e organizava os espaços de refeição comunitários da cidade. Graças a ela, esses locais não só proporcionavam comida para órfãos, anciãos e pobres, como lhes entregavam roupas, medicamentos e dinheiro. Ali, trabalhou incansavelmente para aliviar o sofrimento de milhares de pessoas, tanto judias como católicas.

Em 1940, as tropas nazistas criaram um gueto em Varsóvia e Irena, horrorizada pelas condições em que ali se sobrevivia, uniu-se ao Conselho para a Ajuda aos Judeus - Zegota. Conseguiu permissão para entrar no gueto como voluntária no combate à disseminação do tifo. O que rapidamente lhe ficou evidente é que os judeus estavam destinados ao extermínio. Tomada de compaixão, decidiu tentar salvar pelo menos as crianças.

Ao longo de um ano e meio, até a evacuação da maior parte do gueto (mais de 300 mil judeus foram deportados e mortos nas câmaras de gás de Treblinka em 1942), Irena conseguiu resgatar umas 2.500 crianças por várias vias. Começou a recolhê-las em ambulâncias como vítimas de tifo, mas logo se valia de todo o tipo de subterfúgios que servissem para as esconder: cestos de lixo, caixas de ferramentas, carregamentos de mercadorias, sacos de batatas, caixões... Em suas mãos, qualquer elemento transformava-se em meio de fuga.

Irena vivia os tempos da guerra pensando nos tempos de paz e por isso não ficava satisfeita só por manter com vida as crianças. Queria que um dia pudessem recuperar seus verdadeiros nomes, suas identidades, histórias pessoais e famílias. Concebeu, então, um arquivo no qual registrava os nomes e dados das crianças e suas novas identidades.

Os nazistas souberam dessas atividades e, em outubro de 1943, Irena Sendler foi presa pela Gestapo e levada para a prisão de Pawiak, onde foi brutalmente torturada.

Ela, a única que sabia os nomes e moradas das famílias que albergavam crianças judias, suportou a tortura e negou-se a trair seus colaboradores ou as crianças ocultas. Quebraram-lhe os ossos dos pés e das pernas, mas não conseguiram quebrar a sua determinação. Foi condenada à morte. Enquanto esperava pela execução, um soldado alemão levou-a para um "interrogatório adicional". Ao sair, gritou-lhe em polaco "Corra!". No dia seguinte, Irena encontrou seu nome na lista de polacos executados. Os membros da egota tinham conseguido deter a execução de Irena subornando os alemães, e Irena continuou a trabalhar com uma identidade falsa.

Em 1944, durante o levante do gueto de Varsóvia, colocou suas listas em dois frascos de vidro e enterrou-os no jardim de uma vizinha para se assegurar de que chegariam às mãos indicadas, se ela morresse. Ao acabar a guerra, Irena desenterrou-os e entregou as notas ao doutor Adolfo Berman, o primeiro presidente do comitê de salvação dos judeus sobreviventes. Lamentavelmente, a maior parte das famílias das crianças tinha sido morta nos campos de extermínio nazistas.[2]

Fatos morais relevantes	Qualificação
Confinamento em gueto dos judeus em condições execráveis e subsequente extermínio.	Práticas parciais.
Trabalho voluntário de ajuda aos perseguidos e salvamento de crianças.	Práticas altruístas extremadas.

Diante do totalitarismo nazista, só restava aderir a seus ditames e rastejar na racionalização antiética ou resistir para quem quisesse preservar a própria dignidade.

Irena encarna, em toda a sua grandeza, as práticas de voluntariado e de abnegação do altruísmo extremado. Filia-se claramente à teoria ética da convicção, quando explicita sua posição: "A razão pela qual resgatei as crianças tem origem no meu lar, na minha infância. Fui educada na crença de que uma pessoa necessitada deve ser ajudada com o coração, sem importar a sua religião ou nacionalidade."

Em 2003, o presidente da República Aleksander Kwaśniewski concedeu-lhe a mais alta distinção civil da Polônia – a Ordem da Águia Branca. Foi indicada ao Prêmio Nobel da Paz em 2007. A exemplo de Oskar Schindler, que salvou cerca de 1.200 judeus que ele empregava em sua fábrica e que foi imortalizado pelo filme *A Lista de Schindler* de Steven Spielberg, a CBS produziu o filme *The Courageous Heart of Irena Sendler* em 2008, retratando os momentos cruciais da luta de quem foi também chamada de "mãe das crianças do Holocausto". Irena morreu nesse mesmo ano, aos 98 anos.

[2] *Wikipédia*. Disponível em: <http://pt.wikipedia.org/wiki/Irena_Sendler>. Acesso em: 13 nov. 2015, e *Público*, 12 mai. 2008. Disponível em: <http://www.publico.pt/mundo/noticia/morreu-irena-sendler-a-heroina-polaca-que-salvou-2500-criancas-do-gueto-de-varsovia-1328451>. Acesso em: 13 nov. 2015.

Uma questão candente perpassa o trágico episódio do gueto de Varsóvia: é a decisão impensável, desprendida, dilacerante, das mães judias, que, na tentativa de salvar a vida dos filhos, aceitaram se separar deles, ainda que desconfiassem de que nunca mais iriam revê-los. Decisão que visou um fim universalista e se baseou na teoria ética da responsabilidade: era preciso escolher o mal menor para evitar o mal maior (a morte dos filhos). O mesmo se aplica aos rabinos que relutaram muito em autorizar a fuga das crianças do gueto, cientes de que seriam educadas na confissão cristã e de que, se quisessem sobreviver, deveriam esquecer toda e qualquer palavra de iídiche e de hebraico, decorar novo nome e nova história familiar, renegar sua origem e identidade, e mentir o tempo todo, mentir para não morrer. Foram dolorosas escolhas de Sofia.

Fugitivas do Estado Islâmico

Em um artigo da revista em inglês do grupo jihadista Estado Islâmico celebra-se a escravidão feminina como forma de reviver um costume que a lei islâmica (a sharia) justifica. As mulheres e as meninas sequestradas são repartidas entre os combatentes como "khums", ou seja, como imposto sobre espólios de guerra. Tornam-se "concubinas" para proteger os combatentes contra a adultério. Quanto a elas, nenhum escrúpulo, sobretudo no tocante às jovens de etnia jazidi que, por serem pagãs e adoradoras do demônio, merecem a escravidão ou a morte.

Separadas das famílias, as moças são obrigadas a se converter ao islamismo e seguidamente estupradas, às vezes por mais de um homem. Quem ousa resistir é severamente punido e arrisca a vida.

Quase por milagre, poucas garotas conseguiram escapar de seus captores e contaram à mídia internacional a odisseia de sevícias sofridas e relataram como o Estado Islâmico organiza a indústria da escravidão.[3]

Fatos morais relevantes	Qualificação
Sequestro de mulheres e meninas, e repartição entre os combatentes para serem escravas sexuais.	Práticas parciais.
Denúncias das sevícias sofridas.	Práticas altruístas imparciais.

[3] SEMPLE, Kirk. Fugitivas do Estado Islâmico. *O Estado de S. Paulo*, p. A21, 22 nov. 2014.

As justificações morais para essa barbárie – espólios de guerra, pagãos que adoram o demônio, proteção dos combatentes contra o adultério – constituem tão somente racionalizações antiéticas que não disfarçam seus propósitos particularistas. Representam, inegavelmente, crimes contra a humanidade por serem objetivamente sequestros, ocasionar a separação de famílias, escravizar seres humanos e promover estupros coletivos de meninas e jovens que não partilham das mesmas crenças.

De outra parte, as meninas que fugiram e estão denunciando as sevícias que sofreram anseiam pela mobilização da ira da comunidade internacional. Pois a única reação possível à luz da razão ética contra o alucinado fanatismo dos membros do Estado Islâmico é o diálogo das armas.

Isso equivale a dizer que as respostas universalistas são, na ótica da teoria ética da convicção, a "guerra justa" (é preciso ser intolerante com os intolerantes) e, na ótica da teoria ética da responsabilidade, o "bom combate", que escolhe o menor dos males (a guerra) para evitar o mal maior (o totalitarismo teológico do Estado Islâmico). Aqui, não há como nutrir posição neutra ou pacifista, nem há mesa de negociação com terroristas que se gabam de rejeitar intransigentemente o diálogo. Não há como tolerar uma seita que declara inimigos todos aqueles que não compartilham de suas convicções, degola ou queima implacavelmente seus reféns diante das câmeras para propagandear seus feitos e aterrorizar seus opositores, e – coroando sua infâmia – destrói sistematicamente o patrimônio cultural da humanidade: saque a bibliotecas, destruição de relíquias conservadas em museus, demolição de templos romanos e de sítios arqueológicos assírios declarados patrimônios da humanidade pela Unesco. Em nenhuma medida tais condutas concorrem para o bem da humanidade, de maneira que não faz sentido compactuar com a barbárie.

O segredo bancário na Suíça

Ao se tornar refúgio de fortunas mal explicadas, graças ao segredo bancário, a Suíça converteu-se em um dos países mais ricos do planeta, superando suas raízes rurais e artesanais.

Escreve Jamil Chade no jornal O Estado de S.Paulo sobre a legalização do sigilo bancário: "Em 1934, o governo aprovou uma lei que impede o governo de interferir nos assuntos financeiros de seus cidadãos. Ou seja, saber suas contas. Tratava-se de uma resposta à quebra da bolsa de Nova York de 1929 e que exigiu dos suíços medidas para mostrar ao mundo que era seguro depositar suas fortunas no país. (...) Em uma questão de 70 anos, os bancos suíços passaram a controlar ativos cinco vezes superiores ao PIB do próprio país, criaram uma relação promíscua com os políticos locais e uma relação de confiança com criminosos, evasores, corruptos e ditadores de todo o mundo".[4]

Fatos morais relevantes	Qualificação
Sigilo bancário referente à lavagem de dinheiro.	Prática parcial.
Investigações e repressão da evasão fiscal.	Práticas altruístas imparciais.

As duas teorias éticas concordam com a qualificação antiética desse tipo de sigilo bancário. A teoria ética da convicção condena com veemência essa prática, bem como outras tantas que muitas sociedades toleram moralmente e que se enquadram na chamada "zona cinzenta". Por exemplo, investir em países cujo regime político é totalitário, a exemplo da China; produzir e comercializar armas, fumo e bebidas alcoólicas (produtos nocivos e, por isso mesmo, denominados "politicamente incorretos"); promover jogos de azar e agenciar a prostituição; submeter-se à censura (sites de busca); aceitar e oferecer presentes (não brindes) para fazer negócio; transacionar com distribuidores e fornecedores que sonegam impostos; pagar facilitação ou "taxas de urgência" a servidores públicos, via terceiros, para que cumpram suas próprias obrigações.

Sabemos que a tolerância moral quanto a essas práticas particularistas, que beneficiam uns em detrimento de outrem, se escora em dois pretextos principais: 1) caso não aderirem, outras empresas tomarão a dianteira e serão desperdiçadas oportunidades de ganhar dinheiro; 2) ninguém perde a própria reputação ao operar esses tipos de negócio.

Ocorre que a teoria ética da responsabilidade faz ressalvas nesse capítulo. Não considera antitético, por exemplo, negociar com a China, nem condena *a priori* os produtos nocivos: acredita que vale a pena transacionar com países totalitários (mal necessário) para minar seu regime político (bem maior) e não se opõe à legalização de quaisquer produtos "politicamente incorretos" (mal necessário), no intuito de estabelecer um controle público sobre eles (bem maior). Tais produtos incluem jogos de azar, prostituição e drogas hoje ilícitas. De resto, condena as demais práticas: a censura a sites

[4] CHADE, Jamil. Três séculos de segurança para corruptos e ditadores. *O Estado de S. Paulo*, p. B7, 23 nov. 2014.

de busca, o oferecimento de presentes para azeitar negócios, o fazer vista grossa a fornecedores que sonegam, o desembolso de taxas de urgência.

Ora, o que fazer com o paraíso fiscal suíço? Desde a eclosão da crise financeira internacional de 2008, diversos países endureceram as regras para evitar a evasão fiscal, justamente como forma de garantir maiores recursos a Estados em sérias dificuldades. Paraísos fiscais como a Suíça passaram a ser alvo de uma forte pressão, com destaque para o governo de Barack Obama, que impôs multas bilionárias a instituições financeiras, colocou banqueiros suíços na prisão e provocou uma convulsão na economia suíça (práticas altruístas imparciais). Isso levou a Suíça, em 2013, a assinar com 57 países um compromisso de cooperação, no que diz respeito a investigações sobre evasão fiscal. Daí para a frente, os escândalos eclodiram em diversos países europeus, com políticos e até a realeza aparecendo com contas em bancos suíços cujos recursos nem sempre têm origem lícita.[5]

Fim do segredo bancário

Investigações promovidas pelo Senado norte-americano, conjugadas com decisões da Justiça e da poderosa agência reguladora americana, a Securities and Exchange Commission (SEC), afetaram radicalmente as regras referentes às contas secretas dos bancos suíços, quebrando uma tradição secular no país.

Escreve Jamil Chade a respeito: "O governo de Barack Obama liderou uma verdadeira ofensiva contra a evasão fiscal e, nessa busca, bancos como Credit Suisse e UBS foram os maiores alvos. Pressionados, o governo suíço e os bancos foram obrigados a ceder para não quebrarem. Os nomes de milhares de correntistas foram entregues à Justiça americana e o segredo bancário sofreu o maior golpe em 300 anos de história. Os suíços tiveram de reformar suas regras, aceitar cooperar com polícias de todo o mundo, devolver recursos de corruptos e declarar que a fraude poderia ser investigada. Os bancos passaram a ser obrigados a conhecer a origem dos fundos depositados em suas contas. Nos EUA e em outros países, os bancos pagaram multas bilionárias para continuar a operar".[6]

---

[5] CHADE, Jamil. Acordo põe fim a sigilo bancário na Suíça. *O Estado de S. Paulo*, 16 out. 2013. Disponível em: <http://economia.estadao.com.br/noticias/geral,acordo-poe-fim-a-sigilo-bancario-na-suica-imp-,1086212>. Acesso em: 13 nov. 2015.

[6] CHADE, Jamil. Fim do segredo bancário começou em São Paulo. *O Estado de S. Paulo*, p. B7, 23 nov. 2014.

Fatos morais relevantes	Qualificação
O sigilo bancário assegura o funcionamento do paraíso fiscal suíço e encobre inúmeras operações de lavagem de dinheiro.	Práticas parciais.
Pressões internacionais forçam o fim do sigilo bancário.	Práticas altruístas imparciais.

Problemas globais, tais como epidemias, mudança climática, terrorismo, tráfico de drogas, preservação da paz, defesa dos direitos humanos, pedofilia, crises financeiras internacionais, migrações clandestinas, poluição ambiental, lixo radioativo, redução dos arsenais nucleares, só podem ser enfrentados de forma competente pela mobilização coordenada de esforços internacionais, por meio da cooperação e da solidariedade entre os diversos países e suas organizações multilaterais. O mesmo se aplica ao combate eficaz à corrupção, uma vez que o processo passa pela desativação dos paraísos fiscais e pela desarticulação de redes criminosas. Nesse bom combate, a faculdade da delação premiada e os acordos de leniência são armas poderosas.

Nos últimos tempos, graças a uma opinião pública internacional mais informada, as pressões sobre os governos têm crescido e variadas ações têm sido adotadas. O que visam? Viabilizar a obtenção de bens universalistas em âmbito mundial por meio de práticas altruístas imparciais (interesse público) ou de práticas altruístas extremadas (ajuda humanitária). De fato, intervenções eticamente orientadas tornam-se cada vez mais indispensáveis para enfrentar os crescentes desafios dos problemas globais.

Acordo com a Suíça

Parte do dinheiro desviado do esquema Petrobras vai ser devolvida pela Justiça suíça: são US$26 milhões bloqueados em nome do ex-diretor de Abastecimento da Petrobras Paulo Roberto Costa. O montante supera a soma de todos os repatriamentos de ativos feitos pelo Brasil até novembro de 2014.[7]

Fatos morais relevantes	Qualificação
Devolução de dinheiro bloqueado na Suíça.	Prática altruísta imparcial.

[7] CHADE, Jamil. Brasil fecha acordo com Suíça para repatriar US$26 mi. *O Estado de S. Paulo*, p. A10, 27 nov. 2014.

Eis um exemplo da cooperação frutuosa entre países no combate à lavagem de dinheiro e ao desvio de recursos públicos. Graças ao mecanismo da delação premiada, o maior escândalo de todos os tempos no Brasil, envolvendo a Petrobras, está sendo desvendado. As empreiteiras, os tecnocratas, os lobistas, os partidos e os políticos implicados estão tendo de responder por seus atos à Justiça. Seu parcialismo está sendo coibido por ações altruístas imparciais por parte da Polícia Federal, do Ministério Público Federal e da Justiça Federal.

No caso do acordo com a Justiça suíça, temos a aplicação exemplar da teoria ética da convicção; no caso específico da Petrobras, com suas dezenas de delações premiadas, temos a aplicação militante da teoria ética da responsabilidade: a redução de penas são males necessários para alcançar o bem maior que consiste em desvendar a intrincada rede de corruptores e de corruptos.

A epidemia de Ebola

A maior epidemia de Ebola de que se tem conhecimento foi oficialmente declarada pela Organização Mundial da Saúde (OMS) em março de 2014. No mesmo mês, a organização humanitária Médicos Sem Fronteiras (MSF), que estava com equipes em campo, fez seu primeiro alerta: caso não houvesse mobilização internacional, com significativa ampliação das estruturas de tratamento e isolamento dos pacientes infectados, a batalha contra o Ebola seria dificílima. Mais de sete meses depois, os números falam por si só: até 16 de outubro, foram 8.994 casos suspeitos e 4.492 mortes, de acordo com a OMS.

A primeira epidemia da doença ocorreu em 1976, mas o vírus apenas ganhou as capas de jornais e passou a encabeçar a lista das grandes preocupações mundiais quando atravessou o oceano e ameaçou outros continentes. As três nações mais assoladas pela epidemia – Guiné, Serra Leoa e Libéria – sentiram imediatamente as consequências do receio internacional. Falou-se em fechamento de fronteiras, observou-se a imposição de quarentena às comunidades afetadas, cancelaram-se voos para esses países. O medo se instaurou. E medo só gera mais medo.

Tendo atuado em cerca de dez epidemias de Ebola nos últimos vinte anos, essa foi a primeira vez que MSF registrou baixas em suas equipes. Até outubro deste ano, 21 pessoas foram infectadas e 12 faleceram por causa do vírus, o que contribuiu, obviamente, para o aumento da tensão.

A causa dessas infecções está sendo amplamente investigada, sendo a possibilidade de contaminação nas próprias comunidades, e não nos centros de tratamento, a mais provável. Os protocolos de segurança da organização são internacionalmente reconhecidos por sua efetividade e rigidez, e estão em constante aperfeiçoamento. Mas há que se lembrar que são pessoas a cumprir tais protocolos, e são elas que estão trabalhando no limite da exaustão, física e emocional, condição que pode facilitar o risco de contaminação. Embora o contingente de profissionais tenha aumentado significativamente desde o início da atuação da organização - hoje (outubro/2014) são 3.253 pessoas, entre profissionais nacionais e internacionais -, a resposta ainda é insuficiente e falta mais pessoal qualificado em campo.[8]

Fatos morais relevantes	Qualificação
Omitir-se ou não priorizar o combate à epidemia.	Práticas parciais.
Mobilizar recursos internacionais para enfrentar a epidemia, entre os quais se incluem voluntários.	Práticas altruístas extremadas.

O que fazer diante de uma situação de emergência tão dramática que põe em risco dezenas de milhões de pessoas, já que não há ainda tratamento específico para a doença, nem cura (pelo menos até o início de 2015)? Ajudar na medida das possibilidades, doando tempo ou recursos, a fim de fortalecer práticas altruístas extremadas, prestar ajuda humanitária às pessoas infectadas. Os voluntários que se prontificam a ir *in loco* sabem dos graves riscos de contaminação a que se expõem e cometem os sacrifícios necessários para alcançar o bem maior, que é evitar o alastramento da doença. Omitir-se equivaleria a tangenciar o particularismo ensimesmado.

Dilema na escola

Pedro era chefe do Departamento de Matemática de um colégio privado e tinha dois alunos do segundo ano - Tomás e Paulo - que se destacavam de forma muito diferente. Enquanto Tomás era esforçado, disciplinado, fissurado no estudo, Paulo era brilhante, aprendia com enorme facilidade e colecionava prêmios em tudo o que fazia (disciplinas acadêmicas, esportes, música). Tomás adorava matemática e era o tipo de aluno que não descansava até resolver um problema, era um

[8] "Vivendo a epidemia de Ebola". In: *Informação*, Médicos Sem Fronteiras, ano 17, n. 35,p. 6, nov. 2014.

“rachador” nato. Paulo, por sua vez, brilhava naturalmente e não tinha que se esforçar muito para dar conta de problemas difíceis ou de situações novas.

Foi quando surgiu uma oportunidade única. A escola foi contemplada com uma bolsa de estudo para um curso de verão em uma universidade de prestígio. Durante várias semanas, os melhores alunos de várias partes do país conviveriam com professores de primeira linha e poderiam absorver conhecimentos avançados em um ambiente universitário.

O professor Pedro e seus colegas prepararam um concurso para selecionar o candidato que representaria a escola. Tomás e Paulo inscreveram-se. Como sempre, Paulo alcançou excelentes notas. Todavia, para surpresa geral, Tomás ganhou, ainda que por um triz.

O professor ficou encantado. Embora admirasse Paulo e tivesse certeza que ganharia, ficou satisfeito em ver que a extrema dedicação de Tomás foi recompensada. O moço e seus pais não se contiveram de alegria quando souberam do resultado. Ao anunciar o ganhador, o diretor da escola ressaltou a importância do prêmio.

Dias após o evento, Pedro estava arquivando os materiais do concurso e se deparou com a prova de Tomás. Um problema lhe chamou particularmente a atenção: embora a demonstração estivesse errada, o problema foi considerado correto pelo professor que o corrigiu... Pedro procurou imediatamente a prova de Paulo e lá estava a demonstração certa e a nota idem. Ora, essa pontuação mínima fazia toda a diferença no concurso!

A primeira reação de Pedro foi a de chamar o colega que corrigiu as provas e dar-lhe uma bronca monumental. Logo depois, percebeu que a encrenca era bem mais séria. A decisão já havia sido tomada e a escolha de Tomás fora sacramentada pela universidade que programou o curso de verão. O que fazer? Reconhecer publicamente que o professor que corrigiu as provas errou? Entregar a vaga a Paulo e desapontar o diligente Tomás? Ou deixar o barco correr, já que ninguém sabia do fato além dele mesmo?

A rigor, do ponto de vista estritamente formal, Tomás não ganhou o concurso. Tratando-se de matemática, não havia o que discutir quanto à correção do problema – ou a resposta estava certa, ou estava errada, sem margem para a subjetividade. É bem verdade que um concurso não mede o empenho, mas o desempenho. Se levássemos em conta a persistência, Tomás mereceria a chance de participar do curso de verão. Isso seria decisivo para fortalecer a autoestima dele e poderia influenciar seu futuro (não seria o caso de Paulo, que acresceria mais um troféu a sua fornida coleção). Ademais, a escola não tinha por obrigação escolher o aluno mais apropriado para o curso? Qual dos dois o seria?

Afinal de contas, um juiz de futebol pode validar um gol, ainda que o replay na televisão mostre que o jogador estava impedido. Em campo, o juiz decide, não é mesmo? Foi o caso do professor que corrigiu erradamente a prova.[9]

Na leitura da teoria ética da convicção, a solução é clara, não há por que transigir, uma vez que a maior pontuação constitui o critério explícito do concurso: Paulo não deveria ser preterido por causa de um equívoco do professor e a escola deveria ser idônea o bastante para reconhecer o fato. As normas são feitas para serem obedecidas, sem o quê prevalece a arbitrariedade.

Não é essa a leitura da teoria ética da responsabilidade. Pedro deveria guardar o segredo, mantendo a vaga de Tomás. Em primeiro lugar, porque Tomás sofreria a humilhação pública de ser rejeitado, depois de ter sido escolhido por um erro que ele não cometeu. Em segundo lugar, porque o professor deveria ser poupado do constrangimento de ter cometido um engano de boa-fé (não pairou suspeita de favorecimento). Em terceiro lugar, porque a oportunidade de participar de um curso de verão teria maior impacto para o esforçado Tomás do que para o prodigioso Paulo.

Travou-se aqui o embate entre o dever universalista, que consiste em seguir as regras acordadas, e os fins universalistas de, além de premiar o empenho e reconhecer as consequências positivas para o futuro do aluno, não provocar efeitos deletérios e evitáveis sobre Tomás e o professor que corrigiu erroneamente a prova. Já que o jogo estava jogado e o juiz já havia apitado a partida, por que mexer em vespeiro?

Ambas as leituras, confrontando princípios e consequências, encontram bases para obter legitimação ética. Diante, porém, da ansiedade provocada pelo dilema, alguns dentre nós sonham com uma solução mágica, tal como declarar ambos empatados e conseguir mais uma vaga para a escola. Infelizmente, nem sempre é possível tirar coelhos da cartola e cabe tomar posição: Tomás ou Paulo? Tolerância zero ou análise situacional? Rigor deontológico ou riscos calculados? Façam suas apostas.

[9] Adaptado de KIDDER, Rushworth M. "The Math Teacher's Dilemma". In: *Institute for Global Ethics*, 31 mai. 2011 e 13 jun. 2011.

Sopesados os prós e contras, Pedro não revelou a ninguém sua descoberta. Optou pelo mal menor para evitar o mal maior que seria o prejuízo moral para Tomás, bem como a desmoralização do professor e – quem sabe – da própria escola.

Ascensão e queda

O ciclista profissional americano Lance Armstrong ficou famoso por ter vencido o Tour de France por sete vezes consecutivas - um recorde absoluto nessa prova - entre 1999 e 2005. Em 1997, depois de ter sobrevivido a um câncer, havia criado a Fundação Lance Armstrong (LAF - Lance Armstrong Foundation, em inglês) para apoiar outros doentes.

As repetidas vitórias de Armstrong no Tour de France deram esperança aos pacientes de câncer e ampla publicidade à fundação. Em 2004, a venda de dezenas de milhões de pulseiras amarelas Livestrong expandiu o alcance da organização. Em 2009, a LAF ficou conhecida como a Fundação Livestrong.

Durante todo esse tempo, Armstrong negou as reiteradas acusações de que ele usara drogas ilegais para turbinar seu desempenho. Mas, em face das esmagadoras evidências (relatório da U.S. Anti-Doping Agency), Armstrong decidiu parar de as contestar e foi sumariamente destituído de seus sete títulos de Tour de France em outubro de 2012. Em consequência, perdeu seu contratos publicitários, foi banido do ciclismo e renunciou ao cargo de presidente da fundação.

Por fim, em 2013, Lance confessou o uso de anabolizantes (membros de sua equipe de ciclismo já haviam denunciado o doping). Primeiro, ele se reuniu com os funcionários da fundação que criou (Lance Armstrong Foundation) e pediu desculpas pelos momentos de estresse vividos pela equipe por causa dele. Depois, admitiu o doping no programa Oprah Winfrey Show que foi ao ar no dia 17 de janeiro de 2013.

Segundo o jornal The New York Times, a confissão seria parte de uma estratégia para convencer as autoridades do esporte a autorizá-lo a voltar a participar das competições que adotam o Código Mundial Antidoping, das quais está banido para o resto da vida. Armstrong ainda deseja competir em provas de triatlo e corrida. Como vários destes eventos são regidos por organizações que seguem o código da Wada (agência mundial antidoping), sua participação está inviabilizada no momento. O jornal afirma que Armstrong teria decidido revelar publicamente o esquema após um encontro com membros da Agência Antidoping Americana, incluindo o executivo-chefe, Travis Tygart. Nesta conversa, Tygart teria se mostrado inclinado a rever o banimento do ciclista, caso nomes de peso relacionados ao caso fossem expostos.[10]

Fatos morais relevantes	Qualificação
Uso de drogas ilegais para turbinar seu desempenho; negações reiteradas das acusações; logro dos patrocinadores de sua fundação contra o câncer e de uma geração de esportistas e pacientes.	Práticas parciais.
Destituição de seus títulos; banimento do ciclismo; perda de seus contratos publicitários.	Práticas altruístas imparciais.

Trata-se de um caso de parcialismo, pois membros de sua equipe não só sabiam do fato, mas participaram do esquema e se beneficiaram dos resultados colhidos. As reiteradas racionalizações antiéticas têm grande relevância aqui, porque denunciam o propósito deliberado de cultivar a fraude. A revelação do engodo provocou profundo desalento nos pacientes de câncer, que admiravam Armstrong por ter vencido um câncer testicular e por ter se tornado um campeão mundialmente consagrado. O herói tinha pés de barro, contudo: iludiu uma geração inteira de esportistas; posou de lutador capaz de vencer qualquer desafio, mas escondeu o baralho viciado com o qual jogava.

Seu reconhecimento público de culpa, todavia, ainda que viesse a lhe permitir uma delação premiada que elucidaria esquemas vigentes de doping, não o credenciam *ipso facto* para recuperar sua antiga credibilidade. Porque fica patente que sua confissão não obedeceu a uma questão de princípio (teoria ética da convicção), mas a uma análise situacional (teoria ética da responsabilidade, mal necessário). Com a reputação em frangalhos, Lance Armstrong converteu-se em fósforo queimado.

Por ser uma figura pública de projeção internacional, as punições que sofreu adquiriram um significado maiúsculo, que transcende o mundo do ciclismo e remete à dimensão geral do altruísmo imparcial e da aplicação da teoria ética da convicção. Por quê? Porque afetam as regras que regem o esporte e desconstroem a imagem pública de Lance: a de um ícone que simbolizava a determinação de superar uma doença grave; a de um ído-

[10] *Wikipédia*. Disponível em: <http://pt.wikipedia.org/wiki/Lance_Armstrong>. Acesso em: 13 nov. 2015.

lo que se distinguia pela perseverança e por desempenhos quase sobre-humanos; a de um exemplo a ser seguido pelos jovens do mundo inteiro. Daí a acachapante decepção, o desalento com a falsidade do personagem, a mágoa com sua conduta desonrosa. Dolorosa perda.

A reforma da sede

O diretor administrativo de uma empresa de call center, para a qual a companhia de Ernesto já havia prestado serviço, pediu uma proposta de reforma do prédio sede. Ernesto é um dos gerentes-executivos da construtora e ficou encarregado de cuidar da conta.

De acordo com a praxe, ele enviou um engenheiro para fazer a vistoria (levantamento das necessidades), obteve junto à sua própria área de orçamento uma estimativa sobre os custos, elaborou um cronograma para definir os prazos e redigiu uma proposta, contendo o rol de todos os serviços que seriam prestados, incluindo logicamente o BDI (bônus e despesas indiretas) de sua companhia.

Depois de receber a proposta, o diretor administrativo telefonou ao gerente da construtora e lhe informou que o presidente da empresa mudou recentemente. Em razão disso, ele gostaria que ter em mãos um projeto básico da reforma, o memorial descritivo (especificações técnicas), a planilha orçamentária (preços unitários dos insumos), o caderno de encargos, bem como os critérios de medição e de remuneração. Tal solicitação extrapolou a política da construtora, pois exigia que praticamente todo o trabalho preparatório fosse feito sem que houvesse contrato e, portanto, sem remuneração (o custo disso equivale a 4% do valor da obra orçada, o que não é pouca coisa).

Ernesto levou o caso para seu diretor de obras, que ficou pensativo e depois argumentou: "Este cliente sempre honrou seus compromissos; estamos em uma fase difícil, com a carteira minguando; será que não vale a pena dar um crédito de confiança e abrir uma exceção?" Em decorrência, o trabalho foi feito e uma proposta, acompanhada por todos os anexos, acabou sendo encaminhada à empresa de call center.

Duas semanas se passaram sem manifestação do diretor administrativo. Ernesto então o contatou. Com voz pesarosa, o diretor lhe anunciou que a reforma do prédio sede foi adiada. Não escondendo o desapontamento, Ernesto solicitou uma comunicação formal. O tempo transcorreu e nenhuma notícia chegou. Foi quando um concorrente deixou escapar em conversa informal que foi convidado a cotar a reforma do prédio sede da empresa de call center, usando termos de referência bastante acurados (coisa raríssima). Melhor ainda: não é que ganhou o páreo? O contrato seria assinado nos próximos dias!

Ernesto checou a informação junto a outras construtoras e ela se revelou verdadeira. Furioso, levou o caso a seu diretor de obras, que pediu uma reunião urgente com o presidente da empresa de call center. Este último indagou a respeito da pauta da reunião e o diretor de obras explicou o motivo. Para reforçar seu argumento, acrescentou que dispunha de cópia de toda a correspondência trocada entre ambas as empresas.

O presidente percebeu, então, que seu diretor administrativo, ansioso para "mostrar serviço", usou literalmente todo o material que ele havia solicitado à construtora para promover uma cotação de preços. Foi assim que conseguiu um desconto de 5% em relação ao preço ofertado. O presidente ficou constrangido com a situação, pois havia definido como um dos objetivos de sua gestão classificar a companhia entre as 100 empresas mais admiradas. A exposição pública do comportamento dissimulado de seu diretor administrativo e, principalmente, o abuso da boa vontade da construtora de Ernesto comprometeriam tal propósito.

O que fazer?

O presidente da empresa de call center teve a decência de aceitar a reunião com o diretor de obras da construtora e, desde logo, pediu desculpas pelo "mal-entendido". Foi uma forma amena de reconhecer que seu diretor administrativo exorbitou. Propôs então, ao diretor de obras, que considerasse a possibilidade de oferecer um desconto de 1% sobre o preço orçado (deduziu do desconto de 5% oferecido pelo concorrente os 4% do custo do trabalho preparatório feito pela construtora) e se comprometeu a assinar o contrato de imediato. Logo depois da reunião, chamou a atenção do diretor administrativo com toda a necessária veemência.

Fatos morais relevantes	Qualificação
Obtenção desonesta de todo o material técnico para realizar a cotação de preços e mentira quanto ao adiamento da reforma.	Práticas parciais.
Pedido de desculpas, assinatura do contrato, advertência aplicada ao diretor administrativo.	Práticas altruístas restritas.

O presidente agiu obedecendo à razão ética, segundo a teoria ética da responsabilidade, sopesando as consequências que adviriam caso a reputação da empresa fosse posta em xeque (mal menor para evitar um mal maior). O acordo foi selado na presença do diretor administrativo e de Ernesto, momento em que o primeiro pediu formalmente escusas ao segundo. O diretor de obras conseguiu o que pretendia (a obra), além da reparação pelo abuso (Ernesto merecia uma satisfação). Quanto ao presidente, ele deixou claro a seu diretor administrativo que não admitiria matreirices e que a censura atual era uma advertência formal – qualquer outro desvio de conduta provocaria sua demissão.

O plágio

O presidente da Hungria, Pál Schmitt, anunciou sua renúncia em 2 de abril de 2012, diante do Parlamento, depois de ser acusado de ter plagiado sua tese de doutorado. O escândalo veio à tona após a revista "HVG" ter divulgado em janeiro que grande parte da tese do presidente teria sido copiada de diversas fontes. Depois de averiguar as denúncias, a Universidade de Medicina "Semmelweis" de Budapeste decidiu cancelar o título de doutor de Schmitt.

Em seu discurso, Schmitt assegurou que decidiu renunciar porque seu caso acabou dividindo a opinião pública e um presidente tem de "simbolizar a unidade da nação". "Diante desta situação, me sinto na obrigação de terminar meu serviço e renunciar a meu mandato presidencial", declarou Schmitt. O ex-presidente da Hungria criticou a comissão que decidiu tirar seu título e afirmou que os mesmos tomaram essa decisão sem conhecer sua postura. Antes de finalizar, Schmitt ainda anunciou que apelará dessa decisão e levará o caso aos tribunais.

Em comunicado divulgado anteriormente, a Universidade informou que uma grande parte da pesquisa do agora ex-presidente consistiu na tradução literal de outras fontes, que, por sinal, não constavam nas notas do trabalho acadêmico. Sob o título "Análise do programa dos Jogos Olímpicos modernos", a tese foi aprovada em 1992, dezoito anos antes de Schmitt assumir o cargo de presidente da Hungria apoiado pelo governante e conservador partido Fidesz.[11]

---

[11] *Wikipédia*. Disponível em: <http://pt.wikipedia.org/wiki/P%C3%A1l_Schmitt>. Acesso em 13 nov. 2015.

Fatos morais relevantes	Qualificação
Tese plagiada.	Prática egoísta.
Cancelamento do título de doutor e renúncia à presidência da República.	Práticas altruístas imparciais.

O cancelamento do título de doutor pela universidade de Medicina, com base no parecer da comissão nomeada para investigar o plágio, procura resguardar o respeito à honestidade acadêmica – aplicação da teoria ética da convicção. Afinal, no plágio, o fraudador reivindica o trabalho de outrem como sendo seu, rouba o trabalho alheio em proveito próprio e se entroniza como falso autor. Assim, a chave da reprovação ancora-se na tradição ocidental moderna da originalidade: a propriedade intelectual tem por pressuposto uma contribuição significativa aos saberes ou às artes.

Ora, como comandar uma nação ou uma organização qualquer sem autoridade moral? As prerrogativas do cargo, a investidura, a autoridade formal, tudo se dissolve diante da descrença dos cidadãos ou dos subordinados. "Quando os que comandam perdem a vergonha, os que obedecem perdem o respeito", disse o filósofo alemão Georg Lichtenberg. Eis por que as implicações éticas das condutas que se exercitam, ou das decisões que se toma, adquirem um caráter de extrema sensibilidade. Não atentar para o risco de reputação costuma ser fatal. Basta um único deslize, que afete significativamente a credibilidade de um agente ou de uma organização, para pôr a perder anos de paciente empenho, de meticulosa tecedura da boa fama. Sem lastro para continuar desempenhando seu papel, o presidente húngaro decidiu renunciar.

Análise situacional; judiciosa providência na adoção do mal necessário em busca do bem maior (preservação da instituição presidencial).

Bem-estar animal

Sob pressão de grupos de defesa do bem-estar dos animais, multinacionais do setor de alimentos como a Nestlé e redes de restaurantes como a Burger King intimaram seus fornecedores de carnes, ovos e derivados de leite a eliminar práticas prejudiciais ao bem-estar animal. Conferiram prazo a seus fornecedores para substituir instalações e modificar práticas.

Escreve Stephanie Strom no jornal The New York Times: "De acordo com as novas normas, a multinacional de alimentos Nestlé não comprará produtos derivados de suínos criados em gaiolas de gestação, de galinhas que vivem em baterias de gaiolas, de gado que ficou deformado ou cujos chifres foram retirados ou a cauda foi amputada sem anestesia, e animais cuja saúde ficou comprometida por drogas que aceleram o crescimento. (...) O cumprimento das normas será fiscalizado pela SGS, especializada nesse tipo de operação. A supervisão da SGS ficará a cargo do grupo de ativistas da organização World Animal Protection".[12]

Fatos morais relevantes	Qualificação
Práticas prejudiciais ao bem-estar animal.	Práticas parciais.
Adoção de normas estendidas a toda a cadeia produtiva, visando melhorar a qualidade de vida dos animais no sistema alimentar e fiscalização de seu cumprimento por organizações credenciadas.	Práticas altruístas imparciais.

Fica patente que não estamos diante de iniciativas espontâneas nem as empresas fingem ser paradigmas do bom-mocismo. Elas simplesmente se adéquam às pressões cidadãs. Demonstram estar cientes de que seus clientes são sensíveis às chamadas boas causas. Reagem à mobilização dos consumidores por meio das redes sociais e à sua capacidade de "votar com o bolso" e, portanto, de migrar para a concorrência. A temática eleita, nesse caso, é a do bem-estar dos animais.

Animais criados para o consumo humano são cruelmente maltratados nas fazendas e nas granjas industriais, confinados em estábulos que os impedem de viver conforme seu comportamento natural, aprisionados em baterias de gaiolas claustrofóbicas com luzes artificiais ininterruptamente acesas, empesteados com hormônios de diversas ordens, criados em celas de gestação tão lotadas que mal conseguem se virar, enfileirados em estreitos corredores nos matadouros à espera do abate em que nem sempre são poupados de sofrimentos desnecessários ou nem sempre são previamente insensibilizados.[13]

[12] STROM, Stephanie. Bem-estar animal no radar das empresas. *The New York Times/O Estado de S. Paulo*, 22 ago. 2014. Disponível em: <http://economia.estadao.com.br/noticias/geral,bem-estar-animal-no-radar-das-empresas--imp-,1547661>. Acesso em: 13 nov. 2015.

[13] Ver, a este respeito, um vídeo instrutivo do Instituto Nina Rosa: <https://www.youtube.com/watch?v=rrFsGTw5bCw>. Acesso em: 13 nov. 2015.

Hoje em dia, muitas pessoas estão cientes de que é preciso libertar os animais dos grilhões totalitários a que estão submetidos. Revoltam-se contra o fato de que espécies inteiras sejam escravizadas para satisfazer os desejos e o apetite do *homo sapiens*. Como negar que o planeta Terra se transformou em uma imensa rede concentracionária desdobrada em campos de extermínio de animais não humanos? Assim, o que inferir? Que o abate humanitário ou o trato mais ameno adotado por raras empresas vão no sentido de ampliar o número de seres vivos dignos de consideração moral. Conferem a suínos, bovinos, equinos e galinhas o estatuto de seres que merecem respeito, como já foi feito com os animais domésticos, que, em muitos lares, acabaram transformados em membros da própria família. O abate humanitário, todavia, não passa de estágio preliminar da consideração moral que deveria culminar com a total proibição da criação de animais para consumo.

Esse avanço último encontra guarida nas possibilidades atuais de substituir a carne por alimentos vegetais, frutas, leguminosas e cereais, que permitem obter os nutrientes de que o nosso organismo necessita, incluindo as proteínas. Adicionam-se a isso duas vantagens de peso: o de não impactar o meio ambiente e o de minimizar o efeito estufa, uma vez que a pecuária representa um dos mais importantes fatores responsáveis pelo desmatamento e pela emissão de poluentes.[14] As duas teorias éticas coincidem nessa análise: a da convicção por causa da adesão a valores humanitários, a da responsabilidade por causa das consequências benéficas vislumbradas.

Parceria socialmente responsável

Reúnem-se periodicamente os dez maiores fabricantes de produtos de limpeza na sede de sua associação em São Paulo. Não para discutir a carga tributária ou as alíquotas de importação, nem muito menos para estabelecer um cartel, mas para lançar novas linhas concentradas de sabão em pó e líquido para roupas, além de detergentes para louças. O lançamento será simultâneo com a palavra de ordem "produto concentrado". Ou seja: embalagens menores, menos matérias-primas, gastos reduzidos com transporte, menos espaço ocupado nas gôndolas dos supermercados. Mas, afora as dificuldades operacionais que é preciso superar, há que se estabelecer o consenso. Foi quando a Unilever se dispôs a compartilhar alguns segredos industriais com os concorrentes.

[14] O Vale do Silício tomou gosto por comida. *The Economist Newspaper/O Estado de S. Paulo*, H4-H5 Especial, 23 mar. 2015.

Ora, por que tanta benevolência? Porque é indispensável convencer os consumidores de que vale a pena comprar garrafas menores, embora mais caras, que doses menores do produto equivalem às antigas quantidades usadas. Trata-se, pois, de mudar um hábito enraizado. E isso demanda esforço conjunto de marketing.

Escreve Ana Luiza Leal, na revista EXAME: "A meta é lançar por aqui os concentrados até 2016. Mas há uma série de questões a resolver. As empresas precisam concordar sobre o que significa um produto concentrado – há versões no mercado que rendem de 25% a 200% mais que os produtos tradicionais. Depois, é preciso mostrar para os órgãos de defesa do consumidor que a parceria é benéfica para todos. (...) Cálculos preliminares da Unilever indicam que, se a mudança da fórmula dos sabões em pó for adotada no Brasil, deixarão de ser feitas 30.000 viagens de caminhão por ano".[15]

Fatos morais relevantes	Qualificação
Diferentes concorrentes lançam de forma conjugada produtos concentrados que economizam matéria-prima, embalagens e viagens de caminhão (não há combinação de preços).	Práticas altruístas imparciais.
Concorrentes compartilham segredos industriais entre si.	Prática altruísta restrita.

Nesse caso emblemático, conjugam-se interesses empresariais e interesses sociais. Com efeito, a ampla adoção de produtos concentrados de sabão em pó e de amaciantes contribuirá para reduzir o impacto ambiental por parte dos fabricantes. Ora, como viabilizar o esforço conjunto por parte de tantos concorrentes? Tendo a coragem e o discernimento de compartilhar segredos industriais e de, judiciosamente, não combinar preços: ganha-se em volume de matéria-prima, viagens de caminhão, espaços nas gôndolas dos supermercados e, ao fim e ao cabo, emitem-se menos gases de efeito estufa (prática altruísta imparcial).

Essa costura de interesses tem impacto social altamente benéfico e, em última análise, decorre das pressões exercidas pela realidade do aquecimento global e pela mobilização da cidadania em prol da mitigação das externalidades negativas geradas pela indústria.

[15] LEAL, Ana Luiza. O rival tem que ajudar. *EXAME*, ed.1079, p. 80–82, 10 dez. 2014.

Análise situacional em ação, exercício inteligente da teoria ética da responsabilidade, que leva em conta as consequências salutares e universalistas das decisões adotadas e das ações empreendidas: a entrega de segredos industriais para os concorrentes é um mal necessário para alcançar um bem maior (economia de insumos, redução de custos, menor pegada ecológica e trampolim para a sustentabilidade empresarial).

Nessa altura, um parêntese se faz necessário para esclarecer alguns fatores que distinguem os três setores sociais presentes no mundo capitalista: o 1º Setor (público), o 2º Setor (privado) e o 3º Setor (voluntário).

Os três setores sociais

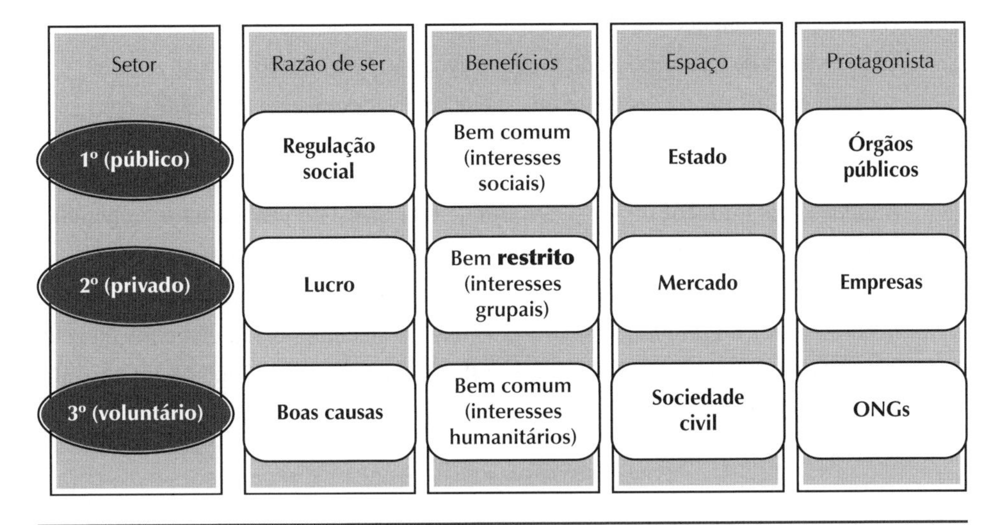

Figura 8

Chama a atenção o diferencial do 2º setor, que é a satisfação do bem restrito. Suas operações visam beneficiar os agentes diretamente envolvidos (interesses grupais, particulares) e não a sociedade como um todo ou a humanidade (interesses gerais), em contraste com os benefícios gerados por outros setores. Isso traça uma linha divisória relevante, vez que o bem gerado pelos demais setores é o bem comum: o 1º Setor satisfaz interesses sociais indispensáveis e o 3º Setor satisfaz interesses humanitários igualmente imprescindíveis.

Ora, a realização do bem restrito tanto pode ser universalista (autointeresse e altruísmo restrito) quanto particularista (egoísmo, parcialismo). Eis por que as práticas empresariais que satisfazem o bem comum são muito significativas, pois assumem caráter imparcial e superam as tendências particularistas que assombram o setor privado.[16] Tendências essas que costumam ser motivos de estigma por parte de ideologias antiprivatistas.

Sustentabilidade

A edição 2014 do Guia EXAME de Sustentabilidade, o maior levantamento de sustentabilidade corporativa do país, reúne exemplos inspiradores. Algumas empresas-modelo são destaques: pinçamos seis dentre as trinta listadas por Vanessa Barbosa.

"Hoje, 40% dos insumos agrícolas da Unilever brasileira vêm de fontes certificadas. Há três anos, eram apenas 20%. A empresa anglo-holandesa tem atuado fortemente com centenas de fornecedores de insumos agrícolas para adoção de boas práticas socioambientais. Até o final da década, a empresa persegue a meta de 100% de matéria-prima agrícola com certificação de origem.

A gigante do agronegócio brasileiro Bunge tem investido pesado para aumentar a eficiência de sua logística. Em março deste ano, a empresa inaugurou um terminal portuário em Barcarena, no Pará, que reduz em 20% a distância para exportar grãos à Europa e em 20% as emissões de carbono, em comparação com os embarques pelos portos de Santos e Paranaguá. Também firmou uma parceria com a ONG The Nature Conservancy (TNC) para monitorar pequenos produtores em relação às boas práticas.

Inovação tecnológica é a palavra de ordem na subsidiária brasileira da fabricante de embalagens Tetra Pak. Para reduzir o impacto ambiental de seus produtos, a empresa aumentou de 75% para 82% a proporção de material renovável usado nas embalagens. A taxa foi alcançada graças à substituição do plástico comum pelo polietileno obtido da cana. O papel-cartão, outro componente da embalagem, é feito de papel certificado. Agora, só falta encontrar o alumínio 'verde'.

De que adianta fazer produtos "verdes" se ninguém pode pagar por eles? Atenta à questão, a holandesa Philips tem se esforçado para produzir lâmpadas ecoeficientes que pesem menos no bolso do consumidor. O preço das novas lâmpadas LED, que permitem economia de energia de até 80% em relação aos

[16] Para uma análise mais detalhada dessa temática, ver, do autor, "Ética e compromisso público". Iin: TEIXEIRA, Hélio Janny; BASSOTI, Ivani Maria; SANTOS, Thiago Souza (org.). *Mérito, Desempenho e Resultados: ensaios sobre gestão de pessoas para o setor público*. São Paulo: FIA/USP, 2014. p. 293–314.

modelos incandescentes, caiu 70% em dois anos. Desde 2013, a empresa obtém metade de suas vendas globais com produtos ambientalmente mais eficientes.

Por meio do melhoramento genético do eucalipto, a Fibria, maior produtora mundial de celulose de fibra curta de eucalipto, espera aumentar a produtividade e reduzir em um terço a área necessária para a produção de celulose. Os investimentos nessa área renderam 18 novas patentes em biotecnologia só em 2013. Outra preocupação é reduzir em 91% os resíduos sólidos destinados a aterros e avançar na meta de recuperar 40 mil hectares de florestas até 2025. Só no ano passado, a empresa restaurou mais de cinco mil hectares.

A Coca-Cola tem uma meta desafiadora: reciclar 100% das suas embalagens de refrigerantes até 2020. Hoje, a empresa já recicla 98% do alumínio, mas apenas 60% do plástico da garrafa PET. Para melhorar essa taxa, a empresa criou o projeto Coletivo Reciclagem. Dele, participam cerca de quatrocentas cooperativas, que recebem auxílios conforme suas necessidades. As menores e mais rudimentares, por exemplo, recebem apoio jurídico para se formalizar e comprar equipamentos de segurança, como luvas e botas."[17]

Embora a vocação típica do 1º Setor (setor público) seja a de produzir bens e serviços essenciais à vida social, muitas empresas, hoje em dia, têm procurado investir em áreas ou negócios de interesse público. Levam em conta as consequências nefastas de dar as costas aos novos desafios contemporâneos e exercitam práticas altruístas imparciais, após competente análise situacional (teoria ética da responsabilidade). Efetivam "investimentos sociais" como males necessários para garantir sua perenidade (bem maior).

Com efeito, nos tempos atuais, as empresas não almejam apenas conquistar uma vantagem competitiva no mercado. Buscam também construir uma boa reputação. Para quê? Para lograr legitimidade junto à sociedade civil. Ora, para tanto, necessitam obter:

1) Uma licença para operar – sem o quê, as variadas resistências ao negócio podem inviabilizá-lo;

2) O benefício da dúvida em caso de crise – quem dispõe de sólida credibilidade pode contar com alguma margem de manobra para enfrentar eventuais tormentas;

[17] BARBOSA, Vanessa. As 30 empresas mais sustentáveis de 2014. *EXAME.com*, 5 nov. 2014. Disponível em: <http://planetasustentavel.abril.com.br/noticias/empresas-premiadas-pelo-guia-exame-sustentabilidade-2014-810483.shtml. Acesso em: 13 nov. 2015.

3) Uma barreira protetora diante dos concorrentes – a força da marca funciona como trunfo frente aos competidores;

4) Um crédito de confiança para suas iniciativas – a ampla aceitação da empresa assegura boa vontade por parte dos públicos de interesse, caso pretenda dar novos passos;

5) A valorização de seus ativos, sobretudo intangíveis – a boa reputação se transmuda em ganhos econômicos.[18]

Assim sendo, as empresas procuram demonstrar sensibilidade social, atendendo de algum modo às preocupações ambientalistas da cidadania. Por quê? Porque têm ciência da irradiação das comunicações instantâneas que a internet faculta em âmbito planetário e porque conhecem os inquietantes efeitos da competição internacional, entre os quais o poder de escolha dos clientes que podem optar pelo concorrente que melhor os atende – faculdade praticamente perdida sob a égide do capitalismo oligopolista que vigorou logo após a 2ª Guerra Mundial.

Em razão disso tudo, associam a obtenção do lucro à realização do bem comum e asseguram a perenidade da empresa pelo alto impacto social que geram. Assumem compromissos com o bem-estar de seus públicos de interesse e, por extensão, com o bem-estar da sociedade em que estão inseridas. Por fim, convertem parte dos lucros em "ganhos sociais", contribuindo para a qualidade de vida de seus *stakeholders* e, por extensão, concorrem para as condições de habitabilidade humana do planeta. Isso equivale a dizer que compatibilizam seus interesses empresariais com práticas ecologicamente corretas e, a um só tempo, socialmente responsáveis.

Em outros termos, muitas empresas saem de seu casulo e abandonam políticas isolacionistas: redefinem todas as suas práticas e as integram em um projeto socioambiental, desenvolvem parcerias com seus públicos de interesse e adotam políticas eticamente orientadas. Oxalá não seja apenas um fogo de palha. Felizmente, há razões estruturais para que tal disposição não seja tão facilmente interrompida. Basta citar – sem deixar de reconhecer a existência de zonas de sombra – os efeitos virtuosos da revolução digital, da globalização econômica, do capitalismo competitivo e da sociedade civil cada vez mais informada e mobilizada.

---

[18] Ao comparar as séries históricas do Ibovespa e do IGC (Índice de Governança Corporativa), destacam-se resultados melhores das empresas eticamente orientadas em relação às demais empresas listadas na Bolsa: <http://www.bmfbovespa.com.br/indices/ResumoVariacaoAnual.aspx?Indice=IGC&idioma=pt-br>. Acesso em: 13 nov. 2015.

"O futuro dependerá daquilo que fazemos no presente.

Mahatma Gandhi"

Conclusão

Ao largo dos embates filosóficos, no mais das vezes estéreis, a Ética Científica oferece instrumentos calibrados de análise e de tomada de decisão. Valer-se deles faculta um entendimento preciso de como cada agente se posiciona. Isso não quer dizer que essas ferramentas determinem qual a direção a seguir ou prescrevam o caminho da virtude. Servem tão somente como mapa da mina, localizam as praias de mar calmo e as de mar agitado, sinalizam quando há ganhos ou quando há danos aos interesses alheios. Deixam o agente livre para fazer a escolha que mais lhe apraz, mas o deixam informado, consciente de que a análise objetiva fornece um diagnóstico, cujas possíveis implicações tornam-se claras.

Reiteremos: a contribuição que a Ética como ciência social traz tem apenas caráter classificatório, indicativo, a exemplo do economista que capta as externalidades positivas ou as negativas decorrentes das atividades empresariais, do engenheiro que leva em conta as cargas positivas ou as negativas de corpos eletrizados, do cientista político que rastreia no jogo do poder quais forças são aliadas e quais são inimigas, do sociólogo que identifica processos de cooperação ou de competição entre agentes individuais ou organizacionais, do médico que faz a triagem entre pacientes saudáveis e pacientes doentes, e assim por diante. De posse desse conhecimento, os agentes sociais decidem qual o rumo que mais lhes convém.

A ciência apenas instrumenta. As decisões emergem do embate entre ideias divergentes que expressam interesses diferenciais. O que desata o nó em última instância? A relação política de forças. É ela que define qual lado do pêndulo prevalecerá: o universalismo da razão ética com suas vertentes (decisões convictas ou decisões responsáveis?) ou o particularismo dos porões da racionalização antiética. Cabe a cada agente, devidamente instruído, responder pelas escolhas que faz.

Glossário

Altruísmo extremado: corresponde a práticas desprendidas que focalizam a humanidade das pessoas; realiza o bem comum ao ajudar necessitados em situações de emergência.

Altruísmo imparcial: corresponde à produção de bens e serviços essenciais à vida social, realiza o bem comum e viabiliza a convivência social.

Altruísmo restrito: corresponde a práticas de apoio mútuo que beneficiam um grupo ou alguns grupos, gera benefício grupal e não prejudica os interesses alheios.

Altruísmo: o agente se preocupa com o bem-estar dos outros, age de modo cooperativo e solidário e realiza bem grupal ou bem comum de forma consensual.

Autointeresse: o indivíduo satisfaz interesses pessoais sem prejudicar os outros e realiza o bem pessoal de forma consensual.

Bem restrito: satisfaz interesses particulares, sejam pessoais ou grupais, de duas formas: consensual (caráter universalista) ou abusiva (caráter particularista).

Egoísmo: o indivíduo satisfaz interesses pessoais à custa dos interesses dos outros e realiza o bem pessoal de forma abusiva.

Parcialismo: o agente satisfaz interesses grupais em detrimento dos interesses alheios e realiza o bem grupal de forma abusiva.

Particularismo: o bem que beneficia alguns faz mal a outros seres humanos e se realiza de forma abusiva.

Racionalização antiética: orienta práticas abusivas que obedecem à lógica da exclusão; adota valores particularistas e mistifica os agentes com suas justificações enganosas.

Razão ética: orienta práticas consensuais que obedecem à lógica da inclusão, adota valores universalistas e confere legitimidade às ações que se guiam pelas duas teorias éticas de tomada de decisão – a da convicção e a da responsabilidade.

Teoria ética da convicção: determina que deveres universalistas sejam obedecidos, de modo que a ação condiz com obrigações previamente estipuladas.

Teoria ética da responsabilidade: determina que fins universalistas sejam almejados, de modo que as consequências previsíveis da ação pretendida são calculadas.

Universalismo: o bem obtido interessa a todos os seres humanos e se realiza de forma consensual.

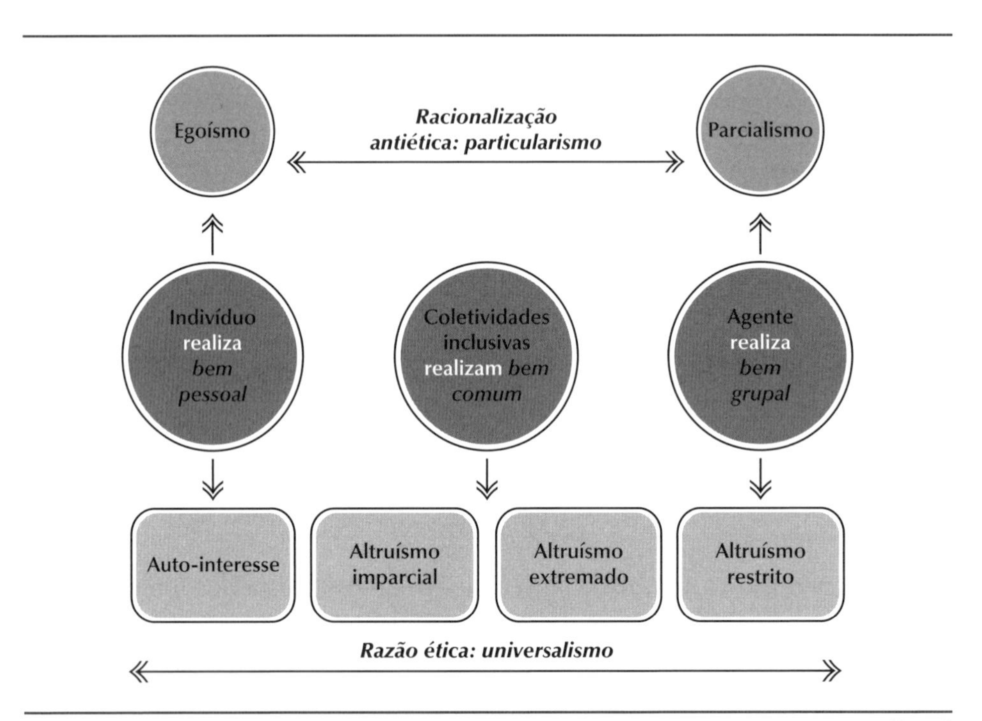

Figura 9

Bibliografia

AFFONSO, Julia; MACEDO, Fausto; BRANDT, Ricardo. Camargo Corrêa vai devolver R$700 milhões, diz Lava Jato. *O Estado de S. Paulo*, p.A3, 21 ago. 2015.

AGÊNCIA ESTADO. Sócio da máquina de vendas é condenado à prisão. *EXAME.com*, 9 ago. 2011. Disponível em: <http://exame.abril.com.br/negocios/noticias/socio-da-maquina-de-vendas-e-condenado-a-prisao>. Acesso em: 10 nov. 2015.

AGÊNCIAS INTERNACIONAIS. Aérea se desculpa por filha de sócio. *O Estado de S. Paulo*, p. B14, 13 dez. 2014.

ALMEIDA, Alberto Carlos. *A Cabeça do Brasileiro*. Rio de Janeiro: Record, 2007.

AGÊNCIA TCU. TCU identifica dano em compra da refinaria de Pasadena pela Petrobras, 24 jul. 2014. Disponível em: <http://portal2.tcu.gov.br/portal/page/portal/TCU/imprensa/noticias/detalhes_noticias?noticia=5101222>. Acesso em: 10 nov. 2015.

ALMEIDA, Fernando. *Os Desafios da Sustentabilidade*. Rio de Janeiro: Elsevier, 2007.

ARISTÓTELES. "Ética a Nicômaco". In: *Os Pensadores*. São Paulo: Abril Cultural, 1984.

Bancos vão pagar US$ 3 bilhões em multas por manipular taxa de câmbio. *Valor Econômico*, 12 nov. 2014. Disponível em: <http://www.valor.com.br/financas/3776058/bancos-vao-pagar-us-3-bilhoes-em-multas-por-manipular-taxa-de-cambio#ixzz3Lc8UncN8>. Acesso em: 1 nov. 2015.

BARBIERI, José Carlos; CAJAZEIRA, Jorge Emanuel Reis. *Responsabilidade Social Empresarial e Empresa Sustentável*. São Paulo: Editora Saraiva, 2009.

BARBOSA, Daniela. Ilegalidade é pior que campanha antitabagista, diz Souza Cruz. *EXAME*, 7 jul. 2011.

______. A Olympus e uma das maiores fraudes contábeis do mundo corporativo, *EXAME.com*, 2 dez. 2011. Disponível em: <http://exame.abril.com.br/negocios/noticias/a-olympus-e-uma-das-maiores-fraudes-contabeis-da-historia-corporativa>. Acesso em: 1 nov. 2015.

BARBOSA, Vanessa. As 30 empresas mais sustentáveis de 2014, *EXAME.com*, 5 nov. 2014. Disponível em: <http://planetasustentavel.abril.com.br/noticias/empresas-premiadas-pelo-guia-exame-sustentabilidade-2014-810483.shtml>. Acesso em: 1 nov. 2015.

BARTCH, Cathy. Buying Clothes From Hell: Who Bears The Ethical Responsibility For Preventing Future Sweatshop Catastrophes?. *Ethics Newsline*, Institute for Global Ethics, 2013. Disponível em: <http://www.dw.de/v%C3%ADtimas-pedem-justi%C3%A7a-um-ano-ap%C3%B3s-desabamento-de-f%C3%A1brica-em-bangladesh/a-17590506>. Acesso em: 17 nov. 2015.

BASILE, Juliano (com a colaboração de Gustavo Brigatto e Moacir Drska). *Valor Econômico*, 28 fev. 2012.

BENEDICT, Ruth. *Padrões de Cultura*. Petrópolis: Editora Vozes, 2013.

Bentley Official Web Page, Bentley College, 17 ago. 1997.

BM&FBovespa. "Índice de Ações com Governança Corporativa Diferenciada - IGCX". Disponível em: <http://www.bmfbovespa.com.br/indices/ResumoVariacaoAnual.aspx?Indice=IGC&idioma=pt-br>. Acesso em: 13 nov. 2015.

BOBBIO, Norberto. Política e moral. In: *Teoria Geral da Política*. Rio de Janeiro: Campus, 2000. p.159-215.

BOUER, Jairo. Carro com criança e sem cigarro. *O Estado de S. Paulo*, p. A18, 15 fev. 2015.

BRANDT, A.; ROZIN, P. (editores). *Morality and health*. Nova York: Routledge, 1997.

BRANDT, Ricardo. Empresa terá de pagar R$ 1 bi por contaminação de ex-trabalhadores. *O Estado de S.Paulo*, 9 mai. 2014. Disponível em: <http://saude.estadao.com.br/noticias/geral,empresa-tera--de-pagar-r-1-bi-por-contaminacao-de-ex-trabalhadores,1164554>. Acesso em: 17 nov. 2015.

______. Justiça nega acesso de estatal a inquérito sobre Abreu e Lima. *O Estado de S. Paulo*, p. A4, 4 nov. 2014.

______; MACEDO, Fausto. Onze executivos integram 1º pedido de condenação. *O Estado de S. Paulo*, p. A6, 23 nov. 2014.

BROOKS, Rosa. Não acredite na CIA quando ela diz que precisava torturar. *Foreign Policy – O Estado de S. Paulo*, p. A18, 14 dez. 2014.

BUSTILLO, Miguel. Escândalo de propinas no México pode custar caro à Wal-Mart. *The Wall Street Journal*, 23 abr. 2012. Disponível em: <http://br.wsj.com/articles/SB10001424052702303459004577361784045859076>. Acesso em: 9 nov. 2015.

CASADO, J.; ORDOÑEZ, R.; ROSA, B.; MENDES, K.; WERNECK, A.; HERDY, T. Propinas para a plataforma da Petrobras chegaram a até 10%. O Globo, 14 dez. 2014. Disponível em: <http://oglobo.globo.com/brasil/propinas-para-plataformas-da-petrobras-chegaram-ate-10--14829376#ixzz3LxTKQNWa>. Acesso em: 10 nov. 2015.

CHADE, Jamil. Ex-empregado furta dados de clientes do HSBC. *O Estado de S. Paulo*, 15 dez. 2009.

______. Acordo põe fim a sigilo bancário na Suíça. *O Estado de S. Paulo*, 16 out. 2013. Disponível em: <http://economia.estadao.com.br/noticias/geral,acordo-poe-fim-a-sigilo-bancario-na-suica--imp-,1086212>. Acesso em: 13 nov. 2015

______. Fim do segredo bancário começou em São Paulo. *O Estado de S. Paulo*, p. B7, 23 nov. 2014.

______. Três séculos de segurança para corruptos e ditadores. *O Estado de S. Paulo*, p. B7, 23 nov. 2014.

______. Brasil fecha acordo com Suíça para repatriar US$ 26 mi. *O Estado de S.Paulo*, p. A10, 27 nov. 2014.

CHAPOLA, Ricardo; MACEDO, Fausto; BRANDT, Ricardo. Construtora Camargo Corrêa admite cartel no setor de Óleo e Gás e paga R$ 104 mi. *O Estado de S. Paulo*, p. A18, 20 ago. 2015,

COMTE-SPONVILLE, André. *Pequeno Tratado das Grandes Virtudes*. São Paulo: Martins Fontes, 1996.

______. *O Capitalismo é Moral?* São Paulo: Martins Fontes, 2005.

CONTE, Jaimir. *A Natureza da Moral de Hume*. Tese (Doutorado), Universidade de São Paulo, São Paulo, 2004. Disponível em: <http://www.4shared.com/office/sGtGK10a/>. Acesso em: 17 nov. 2015.

DOWIE, Mark. Pinto Madness. *Mother Jones*, Set./Out. 1977, p. 18–32. Disponível em: http://www.motherjones.com/politics/1977/09/pinto-madness>. Acesso em: 3 nov. 2015.

DURÃO, Mariana. Diretor da estatal fecha acordo com a CVM para encerrar processo. *O Estado de S. Paulo*, p. B11, 4 nov. 2014.

FARIA, Ana Rita. Obama vai procurar alternativas legais para bloquear bônus dos executivos da AIG. *Público*, 7 mar. 2009. Disponível em: <http://www.publico.pt/economia/noticia/obama-vai--procurar-alternativas-legais-para-bloquear-bonus-dos-executivos-da-aig-1369629>. Acesso em: 10 nov. 2015.

FERRELL, O. C.; FRAEDRICH, John; FERRELL, Linda. *Business Ethics. Ethical Decision Making and Cases*. Boston: Houghton Mifflin Company, 2000.

FERRY, Luc. *Aprender a Viver*. Rio de Janeiro: Objetiva, 2007.

FICARRETA, J. Carl. "Moral Relativism". In: *Encyclopedia of Applied Ethics*. San Diego: Academic Press, 1998. v.3, p. 275 288.

FIGUEIRAS, Maria Luiza. Mesmo no prejuízo, empresas dão bônus milionários. *EXAME.com*, 2 out. 2013. Disponível em: <http://exame.abril.com.br/revista-exame/edicoes/1050/noticias/ruim-de-bolsa-boa-de-bolso>. Acesso em: 10 nov. 2015.

FOMBRUN, Charles J. *Reputation: Realizing Value from the Corporate Image*. Boston: Harvard Business School Press, 1996.

FORMENTI, Lígia. Propaganda de alimentos com alto teor de sal, açúcar e gordura terá alerta. *O Estado de S.Paulo,* 30 jun. 2010. Disponível em: <http://www.estadao.com.br/noticias/geral,propaganda-de-alimentos-com-alto-teor-de-sal-acucar-e-gordura-tera-alerta-imp-,574006>. Acesso em: 9 nov. 2015.

GEERTZ, Clifford. *The interpretation of Cultures*. New York: Basic Books, 1975.

GIANNETTI, Eduardo. *Vícios Privados, Benefícios Públicos? A ética na riqueza das nações*. São Paulo: Companhia das Letras, 1993.

GLOBEDIA, 16 mar. 2012. Disponível em: <http://globedia.com/nike-admite-explotacion-trabajadores-plantas-indonesia-paises-asiaticos_1>. Acesso em: 8 nov. 2015.

GREENHOUSE, Steven. Nike Shoe Plant in Vietnam Is Called Unsafe for Workers. *The New York Times*, 8 nov. 1997. Disponível em: <http://www.mindfully.org/WTO/Nike-Vietnam-Unsafe.htm>. Acesso em: 8 nov. 2015.

HARRIS, Elizabeth A. After Bribery Scandal, High-Level Departures at Walmart. *The New York Times*, 4 jun. 2014. Disponível em: <http://www.nytimes.com/2014/06/05/business/after-walmart-bribery-scandals-a-pattern-of-quiet-departures.html>. Acesso em: 9 nov. 2015.

HENDERSON, Verne E. *What's Ethical in Business?* Nova York: McGraw-Hill, 1992.

HUME, David. *Investigação sobre os Princípios da Moral*. Campinas: Unicamp, 1995.

http://rodolfo.typepad.com/no_posso_evitar/2009/06/experimentos-em-psicologia-stanley-milgram-e-o-choque-de-autoridade.html. Acesso em: 7 nov. 2015.

http://www.nature.com/nature/journal/v516/n7529/full/nature13977.html. 19 nov. 2014. Acesso em: 9 nov. 2015.

http://www.souzacruz.com.br/group/sites/sou_7uvf24.nsf/vwPagesWebLive/DO7V4KZ7?opendocument&SKN=1. Acesso em: 9 nov. 2015.

http://www.ushmm.org/wlc/en/article.php?ModuleId=10007518. Acesso em: 8 nov. 2015.

Instituto Nina Rosa. Disponível em: <https://www.youtube.com/watch?v=rrFsGTw5bCw>. Acesso em: 13 nov. 2015.

KANT, Immanuel. *Fundamentação da Metafísica dos Costumes*. Disponível em: <http://www.consciencia.org/kantfundamentacao.shtml>. Acesso em: 2 nov. 2015.

KAPLAN, Arthur. Bioethicist: Brittany Maynard's Death Was an Ethical Choice. *NBC News*. Disponível em: <http://www.nbcnews.com/health/health-news/bioethicist-brittany-maynards-death-was-ethical-choice-n239966>. Acesso em: 3 nov. 2014.

KIDDER, Rushworth M. "The Math Teacher's Dilemma". In: *Institute for Global Ethics*, 31 mai. 2011 e 13 jun. 2011.

KLITGAARD, Robert. *A Corrupção sob Controle*. Rio de Janeiro: Zahar, 1994.

LAPOUGE, Gilles. Consequências da tortura. *O Estado de S. Paulo*, 12 nov. 2014.

LEAL, Ana Luiza. Marketing ou mentira?. *EXAME*, p. 63–66, 29 out. 2014.

______. Fraude de mais de R$ 200 milhões com Café Pilão. *EXAME*, 14 set. 2012. Disponível em: <http://exame.abril.com.br/revista-exame/edicoes/1024/noticias/cafe-com-fraude>. Acesso em: 10 nov. 2015.

______. O rival tem que ajudar, *EXAME*, ed.1079, p.80–82, 10 dez. 2014. .

LEISINGER, Klaus M.; SCHMITT, Karen. *Ética Empresarial*. Petrópolis: Editora Vozes, 2001.

LETHBRIDGE, Tiago. A Embraer fará acordo?. *EXAME*, ed. 1076, ano 48, n. 20, p. 26, 29 out. 2014.

LOUDEN, Robert B. "Virtue Ethics". In: *Encyclopedia of Applied Ethics*. San Diego: Academic Press, 1998. v.4, p. 491–498.

MACEDO, Fausto. Justiça homologa acordo de banco alemão no caso Maluf. Deustche Bank vai pagar U$S20 milhões por ter movimentado dinheiro de ex-prefeito na Ilha de Jersey. *O Estado de S. Paulo*, 19 out. 2014. Disponível em: <http://politica.estadao.com.br/blogs/fausto-macedo/justia-homologa-acordo-de-banco-alemao-no-caso-maluf/>. Acesso em: 8 nov. 2015.

______. Banco alemão deposita R$ 52 mi e cumpre acordo no caso Maluf. *O Estado de S.Paulo*, 10 dez. 2014. Disponível em: <http://politica.estadao.com.br/blogs/fausto-macedo/banco-alemao-deposita-r-52-mi-e-cumpre-acordo-no-caso-maluf/>. Acesso em: 8 nov. 2015.

MALTA, Cynthia. Imagem da marca Zara no Brasil é foco de preocupação da Inditex. *Valor Econômico*, 5 jul. 2012. Disponível em: <http://www.valor.com.br/empresas/2739158/imagem-da-marca-zara-no-brasil-e-foco-de-preocupacao-da-inditex#ixzz21KnwzYks>. Acesso em: 10 nov. 2015.

MELO, Luísa. Samsung Brasil terá de pagar R$ 10 milhões por assédio moral. *EXAME.com*, 11 mar. 2015. Disponível em: <http://exame.abril.com.br/negocios/noticias/samsung-brasil-e-multada-em-r-10-milhoes-por-assedio-moral>. Acesso em: 9 nov. 2015.

MILL, John Stuart. *A Liberdade/Utilitarismo*. São Paulo: Martins Fontes, 2000.

MICHELS, Robert. *Sociologia dos Partidos Políticos*. Brasília: Universidade de Brasília, 1982.

MOHAN, Geoffrey. Banking industry culture primes for cheating, study suggests. *Los Angeles Times*, 21 nov. 2014. Disponível em: <http://www.latimes.com/science/sciencenow/la-sci-sn-cheating-bankers-20141119-story.html#page=1>. Acesso em: 21 nov. 2014.

MORTIMER, Robert C. *Christian Ethics*. Inglaterra: Hutchinson's University Library, 1950.

Multando o abuso. *O Estado de S. Paulo*, Notas e Informações, p. A3, 21 fev. 2015.

MURPHY, Kim. A escolha de Zalina. *Los Angeles Times*, publicado por *O Estado de S. Paulo*, 4 set. 2004.

NAÍM, Moisés. *Ilícito: o ataque da pirataria, da lavagem de dinheiro e do tráfico à economia global*. Rio de Janeiro: Jorge Zahar Editor, 2006.

NEEF, Dale. *Managing Corporate Reputation & Risk*. EUA: Elsevier, 2003.

NETTO, Andrei. Para controlar jihadistas, Europa rastreará passageiros aéreos. *O Estado de S. Paulo*, 11 jan. 2015. Disponível em: <http://internacional.estadao.com.br/noticias/geral,para-controlar-jihadistas-europa-rastreara-passageiros-aereos,1618463>. Acesso em: 7 nov. 2015.

NISEN, Max. How Nike Solved Its Sweatshop Problem. *Business Insider*, 9 maio 2013. Disponível em: <http://www.businessinsider.com/how-nike-solved-its-sweatshop-problem-2013-5>. Acesso em: 8 nov. 2015.

O Vale do Silício tomou gosto por comida. *The Economist Newspaper/O Estado de S. Paulo*, H4-H5 Especial, 23 mar. 2015.

PSICOLOGIA EXPERIMENTAL. Disponível em: <http://psicologiaexperimental.blogs.sapo.pt/2059.htm>. Acesso em: 7 nov. 2015.

PÚBLICO, 12 mai. 2008. Disponível em:http://www.publico.pt/mundo/noticia/morreu-irena-sendler-a-heroina-polaca-que-salvou-2500-criancas-do-gueto-de-varsovia-1328451. Acesso em: 13 nov. 2015.

PINKER, Steven. *Tábula Rasa: a negação contemporânea da natureza humana*. São Paulo: Companhia das Letras, 2004.

PITA, Antonio; NUNES, Fernanda; DURÃO, Mariana. Graça Foster admite que foi informada de propina da SBM. *O Estado de S.Paulo*, p. A6, 18 nov. 2014.

POTTER, Nelson. "Kantianism". In: *Encyclopedia of Applied Ethics*. San Diego: Academic Press, 1998. v.3, p. 31–38.

RAN, Ayn. *The Virtue of Selfishness: a New Concept of Egoism*. New York: Penguim Books, 1961.

RACHELS, James. *Elementos de Filosofia Moral*. Lisboa: Gradiva, 2004. p. 183–184.

REINACK, Fernando. Como o hábito faz o monge. *O Estado de S. Paulo*, p. E9, 6 dez. 2014.

RIBEIRO, Marili. Propaganda no alvo do consumidor. *O Estado de S. Paulo*, 24 ago. 2009. Disponível em: <http://economia.estadao.com.br/noticias/geral,propaganda-no-alvo-do-consumidor,423548>. Acesso em: 10 nov. 2015.

RITTO, Cecília. Três stents e uma viagem. *VEJA*, p.74–75, 24 dez. 2014.

ROSSI, Lucas. Como recuperar a imagem depois de uma fraude. *EXAME*, 16 out. 2014. Disponível em: <http://exame.abril.com.br/revista-exame/edicoes/1075/noticias/como-recuperar-a-imagem-depois-de-uma-fraude>. Acesso em: 10 nov. 2015.

SAVITZ, Andrew W.; WEBER, Karl. *A Empresa Sustentável*. Rio de Janeiro: Elsevier, 2007.

SCARRE, Geoffrey. "Utilitarianism". In: *Encyclopedia of Applied Ethics*. San Diego: Academic Press, 1998. v.4, p. 443–453.

SCHELLER, Fernando. O discreto funeral do vovô fictício da Diletto. *O Estado de S. Paulo*, p. B14, 12 jan. 2015.

SCHWART, John. Rockfellers apostam em energia alternativa. *The New York Times/O Estado de S.Paulo*, 23 set. 2014. Disponível em: <http://economia.estadao.com.br/noticias/geral,rockefellers-apostam-em-energia-alternativa-imp-,1564531>. Acesso em: 9 nov. 2015.

SEGALA, Mariana; MANECHINI, Guilherme. *EXAME.com*, 26 abr. 2012. Disponível em: <http://exame.abril.com.br/revista-exame/noticias/o-walmart-na-berlinda>. Acesso em: 9 nov. 2015.

SEMPLE, Kirk. Fugitivas do Estado Islâmico. *O Estado de S.Paulo*, p. A21, 22 nov. 2014.

SILVA, Marcos Fernandes Gonçalves da. *Ética e Economia*. Rio de Janeiro: Elsevier, 2007.

SILVA JR., Altamiro. Conta da Crise de 2008 chega a US$ 107 bi. *O Estado de S.Paulo*, p. B7, 16 jul. 2014.

SILVEIRA, Alexandre Di Miceli da. *Governança Corporativa no Brasil e no Mundo*. Rio de Janeiro: Elsevier, 2010.

SINGER, Peter. *Ética Prática*. São Paulo: Martins Fontes, 1994.

______. *Vida Ética*. Rio de Janeiro: Ediouro, 2002.

SOLOMON, Robert C. *Ethics and Excellence: cooperation and integrity in business*. New York: Oxford University Press, 1993.

SROUR, Robert Henry. *Ética Empresarial*. Rio de Janeiro: Campus, 2000, 2003, 2008 e 2013 (Elsevier, 4ª ed. revista).

______. *Casos de Ética Empresarial. Chaves para entender e decidir*. Rio de Janeiro: Elsevier, 2014 (2ª edição revista), 2011.

______. *Poder, Cultura e Ética nas Organizações*. Rio de Janeiro: Campus, 1998, 2005 e 2012 (Elsevier, 3ª ed. atualizada).

______. *De Boas Intenções, as Empresas Estão Cheias! Uma história envolvente sobre o dilema ético dos negócios*. Rio de Janeiro: Elsevier, 2009 (disponível gratuitamente em ≤books.google.com.br≥).

______. *Modos de Produção: Elementos da Problemática*. Rio de Janeiro: Edições Graal, 1978 (disponível gratuitamente em ≤books.google.com.br≥).

______. "A Ética nos negócios de varejo". In: ANGELO, Claudio Felisoni de *et alii* (coord.). *Manual de Varejo no Brasil*. São Paulo: Saint Paul Editora, 2012.

______. "Risco moral nas empresas e azares dos Códigos de Ética". In: CANDELORO, Ana Paula P.; BENEVIDES, Marilza M. (coord.). *Governança Corporativa em Foco: inovações e tendências para sustentabilidade das organizações*. São Paulo: Saint Paul Editora, 2014.

______. "Ética e compromisso público". In: TEIXEIRA, Hélio Janny; BASSOTI, Ivani Maria; SANTOS, Thiago Souza (org.). *Mérito, Desempenho e Resultados: ensaios sobre gestão de pessoas para o setor público*. São Paulo: FIA/USP, 2014.

STOCKENSTRÖM, Tone. It's About Choice. Activists and leaders gather in Chicago to discuss end-of-life issues. *The Humanist.com*, 9 out. 2014.

STROM, Stephanie. Bem-estar animal no radar das empresas. *The New York times/O Estado de S.Paulo*, 22 ago. 2014. Disponível em: <http://economia.estadao.com.br/noticias/geral,bem-estar-animal-no-radar-das-empresas-imp-,1547661>. Acesso em: 13 nov. 2015.

TEIXEIRA JR., Sérgio. Comida de laboratório. *EXAME*, p. 100–102, 15 out. 2014.

Trabalho degradante. *O Estado de S. Paulo*, Opinião, 7 jun. 2013. Disponível em: <http://opiniao.estadao.com.br/noticias/geral,trabalho-degradante-imp-,1039820>. Acesso em: 10 nov. 2015.

TREVISAN, Cláudia. Além da China, Ernst & Young é investigada no Canadá. *O Estado de S. Paulo*, 6 dez. 2012. Disponível em: <http://economia.estadao.com.br/noticias/geral,alem-da-china-ernst-e-young-e-investigada-tambem-no-canada-imp-,969833>. Acesso em 10 nov. 2015.

VAZQUEZ, Adolfo Sanchez. *Ética*. Rio de Janeiro: Civilização Brasileira, 1993.

VIEIRA, Renata. Da doação ao lucro. *EXAME*, p. 96–99, 15 out. 2014.

"Vivendo a epidemia de Ebola". In: *Informação*, Médicos Sem Fronteiras, ano 17, n.35, p.6, nov. 2014.

WIKIPÉDIA. Disponível em: <http://pt.wikipedia.org/wiki/Irena_Sendler>. Acesso em: 13 nov. 2015.

WIKIPÉDIA. Disponível em: <http://pt.wikipedia.org/wiki/Lance_Armstrong>. Acesso em: 13 nov. 2015.

WIKIPÉDIA. Disponível em: <http://pt.wikipedia.org/wiki/P%C3%A1l_Schmitt>. Acesso em: 13 nov. 2015.

WEBER, Max. "Le métier et la vocation d´homme politique". In: *Le Savant et le Politique*. Paris: Union Générale d´Éditions, 1959. p. 99–185.

YUNUS, Muhammad; WEBER, Karl. *Um Mundo sem Pobreza: a empresa social e o futuro do capitalismo*. São Paulo: Ática, 2008.

ZAK, Paul. A *Molécula da Moralidade*. Rio de Janeiro: Elsevier, 2012.

Índice

S

T

U

V

W

Y

Z

Este livro foi impresso nas oficinas gráficas da Editora Vozes Ltda.,
Rua Frei Luís, 100 – Petrópolis, RJ.